TRÁTELO CON
ORACIÓN

CHARLES F. STANLEY

ISBN 0-8297-1906-7
Categoría: Vida cristiana
Este libro fue publicado en inglés con el título Handle With Prayer
por Victor Books.
© 1992 por SP Publications, Inc.

Traducido por Luis Bernal Lumpuy
Edición en idioma español

© 1994 EDITORIAL VIDA
Deerfield, Florida 33442-8134

INDICE

LA REVELACIÓN DE
LAS COSAS OCULTAS

Vino palabra de Jehová a Jeremías la se-
gunda vez, estando él aún preso en el patio
de la cárcel, diciendo: Así ha dicho Jehová,
que hizo la tierra, Jehová que la formó para
afirmarla; Jehová es su nombre: Clama a mí,
y yo te responderé, y te enseñaré cosas
grandes y ocultas que tú no conoces.
Jeremías 33.3

Mientras yo oraba una tarde de 1967, comencé a sentir como si Dios tuviera algo muy específico que decirme. Cuanto más oraba, tanto más aumentaba la carga. Se lo dije a mi esposa, y decidimos tomar nuestras vacaciones antes de lo planeado y pasar el tiempo buscando la dirección de Dios. Nos fuimos a las montañas de Carolina del Norte durante dos semanas, dedicados a descubrir lo que Dios me estaba diciendo.

Annie y yo pasamos la mayor parte del tiempo ayunando y orando. Esperábamos que Dios añadiera una solución a la carga. Para nuestra sorpresa, Él señaló aspectos de nuestra vida que debían enmendarse. Esas dos semanas resultaron en un tiempo de purificación espiritual y de preparación para lo que venía.

Regresamos a casa muy animados, pero todavía inseguros. Las cosas mejoraron personalmente para nosotros, pero era como si hubiera un velo que me impedía conocer lo desconocido. Yo sentía que la respuesta estaba cerca, pero todavía fuera de mi alcance. Entonces una tarde poco después de eso, estaba postrado sobre mi rostro delante del Señor y se descorrió el velo. Dios quería que yo fundara una escuela. Titubeé ante la idea de dedicarme a semejante tarea; pero Dios puso en claro para mí que sus instrucciones se debían obedecer, no sólo considerar. Él me reveló las cosas ocultas cuando le pedí que lo hiciera; me mostró las cosas que yo no conocía. Dios fue fiel, incluso hasta el punto de preparar mi corazón para lo que Él iba a decirme.

Dios desea que sus hijos conozcan lo desconocido. Él quiere revelar las cosas ocultas. Sin embargo, muchas veces nos sentimos satisfechos con no saber, ya sea que no estemos dispuestos a dedicar el tiempo para esperar, o que no estemos seguros de que Dios desee siquiera que nosotros sepamos. Pero esa orden a Jeremías se refiere específicamente a esos dos problemas. Debemos clamar, debemos esperar una respuesta y debemos conocer lo desconocido. Examinemos los antecedentes de ese pasaje en Jeremías (33:1-3).

Los babilonios marchaban hacia Jerusalén desde el este. Ya habían derrotado a los asirios, de modo que los pobladores de Jerusalén sabían que no tenían ninguna posibilidad contra la superior fuerza militar del enemigo. Los líderes de Jerusalén consideraron que debían aliarse con los egipcios, lo cual era la acción lógica. Pero Jeremías les dijo: "Dios dice que ustedes van a ir al cautiverio. Lo que en realidad deben hacer es salir y rendirse." Bueno, eso no era de ningún modo lo que tenían en mente los líderes. Ellos echaron a Jeremías en la cárcel y se negaron a escucharlo.

No debe sorprendernos la reacción de ellos. ¿Qué cree que harían los miembros de mi congregación si el próximo domingo les dijera: "Dios dice que los rusos van a destruir esta nación. Debiéramos rendirnos ahora y ahorrarnos algunas dificultades"? Me expulsarían de la ciudad! Pero esa es exactamente la situación en que se encontró Jeremías. A partir de su experiencia él nos da un pasaje (33: 1-3) que nos ayuda a aprender a hablar con Dios.

ANIMADOS A ORAR

Hay tres cosas en este versículo que debemos entender. Lo primero es que Dios nos anima a orar: "Clama a mí." Como Jeremías estaba en la cárcel, tenía mucho tiempo para dedicarse a la oración. Quizás a nosotros nunca nos pongan tras las rejas, pero Dios nos pondrá en circunstancias y situaciones a fin de enseñarnos a hablar con Él.

La mayoría de las veces le decimos a Dios: "¡Sácarne de aquí!" Queremos eludir el sufrimiento y la dificultad. Cuando tropezamos con una prueba o dificultad, le pedimos a Dios que cambie nuestras circunstancias para que podamos servirle mejor y amarlo más.

Sin embargo, no podemos engañar a Dios ni sobornarlo con nuestras promesas. Jeremías ni siquiera le pidió a Dios que lo sacara de la cárcel. Más bien esperó para ver lo que Dios le diría. Y ¿qué respondió Dios? "Clama a mí, y yo te responderé, y te enseñaré cosas grandes y ocultas que tú no conoces" (33:3). Lo que Dios hizo por Jeremías tuvo un mayor impacto que simplemente sacarlo de la cárcel.

Sin embargo, la mayoría de nosotros no somos tan pacientes. Estamos más dedicados a escapar de nuestras circunstancias que a descubrir qué grandes cosas quiere Dios enseñarnos. Pero Dios nunca permite la dificultad sencillamente por el puro placer de la dificultad; siempre interviene un propósito superior. El problema es que no siempre podemos identificar el propósito superior de Dios en medio de nuestras pruebas. Es entonces cuando debemos ejercer nuestra fe esperando en su palabra para nosotros.

Un buen amigo mío, que era corredor de bienes raíces, pasó por un período de siete años de bancarrota económica. La pérdida de su seguridad lo devastó. Eso se convirtió en el constante centro de sus pensamientos y oraciones. "¿Por qué Dios no hace algo?", preguntaba él. Durante algún tiempo fue un enigma para nosotros dos.

Sin embargo, después de un intenso examen de conciencia, él comprendió que había sustituido a Dios por la seguridad económica en su vida. Dios quería que se le reconociera como la Fuente de todas las cosas en la vida de mi amigo. Cuando comenzó a renovarse espiritualmente y a ceder sus derechos al Señor, obtuvo una nueva libertad en su actitud hacia el dinero. Comenzó una nueva carrera y encontró una mayor bendición económica que nunca antes.

Dios tenía una lección grande y oculta que enseñarle a mi amigo; una lección más importante que mantenerlo tranquilo. Y Dios lo mantuvo intranquilo hasta que quitó los ojos de sus circunstancias y buscó la voluntad de Dios en el asunto.

No es fácil esperar. A menudo dejamos de buscar el consejo de Dios y buscamos la dirección de amigos y seres queridos. Leemos libros, asistimos a seminarios y hablamos con otros tratando de averiguar lo que Dios quiere indicarnos. Por lo general, después que hemos agotado todas las demás posibilidades, volvemos al Señor y esperamos en Él. Al hacer eso le estamos diciendo a Dios: "Ahora que he probado todo lo demás y he fracasado, he decidido que después de todo te necesito a ti."

Pero Dios quiere que acudamos primero a Él. Dios quiere que busquemos su consejo y esperemos su palabra. El anhela que nosotros acudamos a Él como un hijo acudiría a su padre. Sin embargo, acudimos a El como último recurso, como si no confiáramos en Él ni consideráramos de gran valor su palabra. No obstante, Él es la única Fuente confiable de consejo que tenemos; es nuestro Amigo más dispuesto y accesible. Él nunca nos dará una señal de ocupado; pero repetidamente recibe señales de ocupado cuando trata de hablarnos a nosotros.

Dios nos insta a orar porque sabe que a menudo estamos atrapados en cárceles que hacemos nosotros mismos. No son cárceles con barrotes y cerrojos, sino cárceles intelectuales, cárceles emocionales y cárceles de malentendidos en las relaciones personales. Recuerde que la distancia más corta entre un problema y la solución es la distancia entre nuestras rodillas y el piso.

RESPUESTA PROMETIDA

En segundo lugar, Dios le dijo a Jeremías: "Yo te responderé." A veces hacemos compromisos que no podemos cumplir. Quizá lo hagamos sin intención; sin embargo, a veces decepcionamos a quienes confían en nosotros. Pero cuando el Dios todopoderoso dice que Él hará algo, lo hará.

Dios dice que Él no sólo oirá, sino que también responderá nuestras oraciones. Eso nos lleva a una pregunta interesante. ¿Siempre responde Dios a nuestras oraciones? ¿O sólo responde determinado tipo de oración? Considere las peticiones que usted le ha hecho a Dios recientemente. ¿Están siendo contestadas? ¿Cree de veras que serán contestadas? Es que la pregunta no es: *¿Responde Dios la oración?* La verdadera pregunta es: *¿Cómo responde Dios la oración?* Algunas veces Él responde que sí. Esa es por lo general la única respuesta que oímos. Si Dios responde positivamente, creemos que Él contestó. Si Él dice no, pensamos que no hizo caso de nuestra petición.

LAS RESPUESTAS DE DIOS

Cuando Dios responde a nuestras oraciones, responde que sí, que no o que esperemos. Cuando responde que sí, estamos dispuestos a gritar: "¡Alabado sea el Señor!". Le contamos a todo el mundo qué gran cosa ha hecho Dios por nosotros.

Pero cuando Dios dice que no, nos resulta difícil encontrar razones para alabarlo. Buscamos el pecado en nuestra vida que impidió que Él concediera nuestras peticiones, porque sin duda si hubiéramos estado llevando una vida recta Él habría respondido que sí. Pero no hay prueba bíblica alguna de que Dios responderá positivamente todas nuestras oraciones sólo porque estemos llevando una vida recta. Dios es soberano. Él tiene el derecho de decir que no conforme a su infinita sabiduría, sin considerar nuestra bondad.

Tratamos de manipular a Dios mediante nuestra filosofía humanística "si entonces". Si llevamos una vida limpia, *entonces* Dios debe (creemos nosotros) concedernos la petición de nuestro corazón. Pero semejantes intentos de manipular a Dios frustran todo el propósito del cristianismo, que es glorificarlo a Él mediante nuestra dócil obediencia a sus deseos y además, si nuestra bondad fuera el único factor que Dios considerara, ¿dónde encaja su gracia? Por lo visto, muchas veces su gracia es lo que hace que Él responda negativamente.

Dios sólo dice *no y espera* cuando es lo mejor para nosotros (Ro 8:28). Él lo hace muchas veces para nuestra protección. A veces Dios *quiere* responder nuestra oración, pero el momento no es oportuno. Por ejemplo, muchas parejas que quieren casarse me vienen a pedir consejos. A veces les aconsejo que esperen. Algunos aceptan mi consejo, mientras que otros buscan consejo de quienes les dicen lo que quieren oír. Usted y yo tenemos la misma elección una y otra vez. ¿Esperaremos el momento oportuno que Dios escoja, o seguiremos adelante precipitadamente?

No nos gusta andar esperando, sobre todo cuando parece que pudiera escaparse una oportunidad extraordinaria. No nos gusta oírle a Dios decir que no, sobre todo cuando todo en nosotros dice ¡sí, sí, sí! A menudo tratamos de encontrar un versículo bíblico y reclamamos lo que dice mientras continuamos nuestra oración, esperando de algún modo cambiar la voluntad de Dios. Lo que en realidad estamos diciendo es: "Dios, no me gustó esa respuesta. ¿Qué te parece si reconsideras mi punto de vista?".

Sin embargo, en lo profundo de nuestro corazón lo que en realidad queremos es la perfecta voluntad de Dios para nuestra vida. Y debemos recordar que la respuesta de Dios siempre es lo mejor de lo mejor para nosotros. El reclamar lo que diga un texto bíblico no hará que Dios cambie de parecer porque su Palabra no puede contradecir su voluntad. Si Él dice que no, entonces la respuesta es no. Si Él dice que esperemos, entonces debemos esperar. Dios está más interesado en nuestro carácter, nuestro futuro y nuestra santificación que en nuestra satisfacción momentánea. Sus respuestas siempre son un acto de gracia, motivadas por su amor.

NUESTRA REACCIÓN

Nuestra reacción a las respuestas de Dios revela una de dos cosas acerca de nosotros. Revelará un espíritu rebelde o un espíritu obediente. Al aceptar la respuesta de Dios, a pesar de que pudiéramos no comprender, manifestamos un espíritu obediente. Pero al rechazar su primera respuesta y al tratar de hacer lo que queremos mediante la manipulación, manifestamos un espíritu rebelde.

Si rechazamos las respuestas de Dios cuando no están en armonía con nuestros planes, entonces estamos tratando de usar a Dios para nuestros propósitos. Pero si aceptamos sus respuestas sin importar cómo sean, Él nos usará para su gloria.

REVELADAS LAS COSAS OCULTAS

Lo tercero que dice este versículo es: "Te enseñaré cosas grandes y ocultas que tú no conoces." Todos nos enfrentamos a decisiones que nos dejan desconcertados. Somos constantemente bombardeados con decisiones conyugales, decisiones laborales, decisiones familiares y decisiones económicas, y todas ellas requieren atención inmediata. En ese versículo Dios promete revelar la solución para todas las decisiones de la vida. Sin embargo, muchos creyentes pasan toda su vida tomando decisiones basadas en *su* conocimiento, *su* opinión y *su* experiencia, sin comprender que algunas decisiones deben basarse en la sabiduría divina y en la sabiduría de Dios.

Casi cualquier predicador puede preparar un sermón. Puede escribir un bosquejo, reunir algunos relatos y allá va eso. Pero un predicador no puede recibir el mensaje de Dios para un pueblo hasta que espere en su consejo, hasta que busque el rostro de Dios, y hasta que Dios le dé una palabra desde el cielo (Jer 23:21-22).

Ese mismo principio se aplica a la vida de cada creyente. Podemos pagar el precio que requiere el encontrar la voluntad de Dios en un asunto, o podemos tomar una decisión basada en lo que consideramos correcto. De cualquier manera, se tomará finalmente una decisión. Pero mientras que una decisión pudiera tener la aprobación del hombre, la otra tendrá la eterna aprobación de Dios.

A veces lanzamos una moneda al aire, espiritualmente hablando, y decimos: "Señor, esto es lo que voy a hacer. Si es tu voluntad, bendícelo. Si estoy equivocado, entonces tendré mejor suerte la próxima vez." En vez de esperar, damos un salto adelante y esperamos que hayamos hecho lo debido. La cuestión es que los cristianos nunca tenemos que adivinar; podemos estar seguros. Dios quiere que conozcamos su voluntad sobre las cosas incluso, más de lo que queremos conocerla nosotros. Pero Él no puede bendecir, y no bendecirá, nada que hagamos que no sea conforme a su voluntad.

Entonces ¿a qué se refiere cuando dice: "Te enseñaré cosas grandes y ocultas que tú no conoces"?. Cada vez que clamamos a Dios, buscando su voluntad, hay dos cosas que Él quiere revelarnos. Él quiere revelarse a sí mismo (Fil 3:7, 8), y quiere revelarnos lo que Él puede hacer (Jn 15:16). ¿Hay algo más grande que buscar a Dios y conocer su poder?

DEBEMOS BUSCAR SU ROSTRO

Debido a que Dios quiere ante todo mostrarnos su rostro, y debido a que nuestra meta como cristianos es conocerlo, debemos comenzar nuestro tiempo de oración diciéndole algo como esto:

"Señor, gracias porque eres omnipotente. Gracias porque eres omnisciente, y porque sabes todo lo que voy a decirte. Gracias porque eres omnipresente, y no estás apartado de mí. Al ir a tu presencia, inclino mi corazón y mi cuerpo delante de tu trono para darte gracias por tu santidad, tu perdón y tu misericordia. Te reconozco como el gran Creador, el gran Sustentador, el gran Amigo de la humanidad. Padre, vengo delante de ti, reconociendo tu grandeza y tu santidad. Me inclino delante de ti como tu hijo, sabiendo que eres más que suficiente para satisfacer mis necesidades."

Ese es el espíritu con el que debemos ir delante de la presencia de Dios. Sin embargo, en vez de eso, acudimos a Él ante todo con nuestras necesidades y por lo general no tenemos tiempo suficiente para nada más. Nunca nos detenemos suficiente tiempo para reconocer que Dios quiere revelarse a sí mismo cuando oramos.

ÉL NOS MUESTRA SU PODER

Lo segundo que Él desea mostrarnos es lo que puede hacer y está dispuesto a hacer. Él lo muestra mediante su Palabra. Nos recuerda lo que ha hecho en el pasado. Nos da ejemplo tras ejemplo en la Biblia de cómo Él satisface las necesidades de las personas y las protege. Y está dispuesto a hacer lo mismo por nosotros si sólo se lo pedimos.

La palabra "ocultas" en ese pasaje significa cosas que están encerradas. Esa palabra se emplea cuando se mencionan las ciudades fortificadas. Dios está diciendo que, mientras oramos, nos revelará cuestiones que antes han sido un misterio.

Eso también indica que algunas respuestas sólo se encontrarán en la oración, no en ninguna otra fuente; ni en los libros, ni en los amigos ni en los consejeros. Algunas cosas deben venir directamente de Dios, la Fuente de toda sabiduría. ¿Cuántas familias estarían hoy todavía unidas si hubieran buscado las soluciones de Dios a sus problemas hogareños? ¿Cuántos hijos e hijas estarían todavía en el hogar si sus padres hubieran llevado sus dificultades al Señor? Pero a menudo nos negamos a aceptar las soluciones de Dios. Queremos soluciones rápidas a nuestros problemas.

Sin embargo, Dios quiere hacer mucho más que simplemente satisfacer nuestras necesidades y solucionar nuestros problemas. El quiere nuestro amo, quiere nuestro espíritu, quiere nuestra vida. Sí, El nos anima a llevarle nuestras pruebas y nuestras aflicciones en oración, pero sólo después que reconozcamos quién es y qué puede hacer. Sólo entonces es que creemos que Él responderá nuestras oraciones. Sólo entonces estamos buscando su rostro, no simplemente su mano.

Como pastor, muchas veces acudo a Dios en busca de respuestas que sólo pueden encontrarse en El. A veces me revela algo para hoy y otras veces me revela algo que sucederá la semana próxima o el mes siguiente. Pero nunca he acudido a Dios respecto a nada que Él no respondiera de buena gana. No siempre responde mis oraciones de acuerdo con mi plan, pero siempre es puntual.

Allá por 1969, mientras yo predicaba durante una semana de campaña evangelística en Virginia, sentí una vez más que Dios tenía algo específico que decirme. Cada noche después del culto me iba temprano a mi habitación para orar. Una noche saqué un cuaderno de notas y tracé un círculo con cinco líneas que salían de él. Al extremo de cada línea, escribí una de varias cosas que pensé que Dios pudiera estar tratando de indicarme. En la última línea dibujé un signo de interrogación, pensando quizá que era algo en lo que yo no había pensado.

La noche siguiente volví a mi habitación con la misma carga. Mientras yo oraba y examinaba las posibilidades, Dios puso en claro que Él iba a trasladarme. Le pregunté cuándo, y me cruzó por la mente el mes de septiembre. Eso ocurrió en mayo de 1969, pero pensé que Él se refería a septiembre de 1970. Pocos meses después, sin embargo, fue a verme un comité de púlpito de la Primera Iglesia Bautista de Atlanta. El 30 de septiembre de 1969 me mudé con mi familia a Atlanta. Dios me habló antes a fin de preparar mi corazón. Él reveló las cosas ocultas cuando le pedí que lo hiciera.

Sin considerar a qué circunstancias se enfrente, no hay conocimiento del que usted necesite alguna vez que no sea asequible ante el trono de nuestro Dios vivo, amoroso, santo y justo. Él ha prometido revelarle las cosas grandes, desconocidas y ocultas que usted nunca podrá entender de otra manera. Hay algunas cosas que usted jamás podrá conocer (Dt 29:29), pero todo el conocimiento que necesita tener está a su disposición si se lo pide a Dios.

Dios desea iluminarle la mente y el corazón hasta que esté consciente de la mente de Cristo en usted. El quiere que usted le diga que no al mundo basándose en su fe en Él. Cuando usted les habla de Cristo a los demás, siente una extraordinaria sensación de poder. Ya usted no depende por completo de las circunstancias para que Dios le dé lecciones. En su lugar usted aprende directamente de Él mediante su Palabra. Usted tiene un renovado entusiasmo en su relación con Dios, porque ha aprendido a escuchar cuando Él le habla.

OBEDIENCIA EXIGIDA

Usted debe obedecerle hasta el punto de la obediencia absoluta sin considerar lo que Él le pida. ¿Por qué? Porque si Dios sigue respondiendo nuestras oraciones, y nosotros ponemos ciertas condiciones para obedecerle, entonces Él no es nada más que un rey mago o un gigante Santa Claus. Si siguiera bendiciéndonos a pesar de nuestra rebeldía, estaríamos usándolo para nuestros fines, no para los de Él. La obediencia es indispensable.

Si usted ha estado buscando la voluntad de Dios durante mucho tiempo y parece como que no ha logrado nada, examine su corazón. Considere si hay algún aspecto de su vida que no esté rendido por completo a Dios. Al resolver ese asunto, usted se pondrá en una posición que le permitirá a Dios bendecirlo. Cuanto más rápido usted renuncie a su voluntad y busque la de Dios, tanto más pronto Él le mostrará lo que usted necesita saber. Como Dios nos da su Palabra para que la obedezcamos, no sólo para que la consideremos, Él tiene que estar seguro de que usted se haya sometido por completo antes que le revele sus secretos.

¿Está usted ante una decisión en la vida que es demasiado grande para enfrentarse a ella? ¿Está pasando por alguna dificultad que lo ha dejado confundido y desalentado? Dios dijo: "Clama a mí, y yo te responderé, y te enseñaré cosas grandes y ocultas que tú no conoces." Cuando se busca el rostro de Dios y se comprende quién es Él y lo que puede hacer y está dispuesto a hacer, Él disipará toda la bruma que rodea las circunstancias de usted. Él le mostrará qué hacer. ¿Está dispuesto a decirle que sí a cualquier cosa que Él exija? Si es así, ha dado el primer paso en aprender a hablar con Dios.

LA ORACIÓN CON AUTORIDAD

Cuando llegó la hora de ofrecerse el holocausto,
se acercó el profeta Elías y dijo:
Jehová Dios de Abraham, de Isaac y de Israel,
sea hoy manifiesto que tú eres Dios en Israel,
y que yo soy tu siervo, y que por mandato
tuyo he hecho todas estas cosas. Respóndeme,
Jehová, respóndeme, para que conozca
este pueblo que tú, oh Jehová, eres el Dios,
y que tú vuelves a ti el corazón de ellos.
Entonces cayó fuego de Jehová, y consumió
el holocausto, la leña, las piedras y el polvo,
y aun lamió el agua que estaba en la zanja.
Viéndolo todo el pueblo, se postraron y dijeron:
¡Jehová es el Dios, Jehová es el Dios!
1 Reyes 18:36-39

Acab y Elías habían sido enemigos durante mucho tiempo. Por eso Ellas desafió a Acab y a los profetas de Baal a una competencia. Les dijo: "Averigüemos quién tiene el verdadero Dios. Si el dios de Baal es Dios, todos debemos adorarlo. Si Jehová es Dios, entonces todos debemos seguirlo." Acab consideró que eso era bastante justo y accedió a aceptar el plan de Elías. Éste le ordenó que edificara un altar y buscara un apropiado sacrificio para su dios. Luego todos los profetas de Baal debían orar y pedirle a su dios que consumiera el holocausto con fuego.

Entonces los profetas de Baal prepararon su altar y comenzaron a orar. No sólo oraron, sino que gritaron frenéticamente y se cortaron con cuchillos tratando de que su dios se revelara. Por último, Elías se incomodó, y comenzó a ridiculizarlos. Se burló de ellos y les preguntó: "¿Qué es lo que pasq? ¿Está dormido el dios de ustedes? ¿Está de vacaciones?" Eso los agitó aún más, pero no sucedió nada todavía.

Entonces Elías decidió que era su turno. Reconstruyó un olvidado viejo altar de Dios y puso sobre él su sacrificio. Después, para demostrar su verdad, hizo que se derramara un barril de agua sobre él. Eso se repitió dos veces, hasta que todo estuvo empapado. Satisfecho con el altar y el sacrificio, Elías oró. Mientras todos estaban a la expectativa y escuchaban, Elías le pidió a Dios que le demostrara a toda la multitud que Él era el Dios de Israel. No sólo Dios consumió con fuego el holocausto, sino también la leña, las piedras y el polvo, y también el agua (1 Reyes 18:38). El Señor Dios se había revelado.

Esa es una hermosa demostración de la oración con autoridad. Elías no se escondió en ningún lugar tranquilo y tuvo una reunión de oración y luego le dijo a todo el mundo que Dios había contestado su oración. Si lo hubiera hecho así, nadie le habría creído, y Dios no habría tenido la oportunidad de revelarse al pueblo.

Cuando Elías erigió un altar delante de todos los profetas de Baal, y lo empapó de agua, arriesgó su vida y su reputación. O Dios se revelaba, o se acusaría a Elías de servir a un dios muerto. De modo que, con una sensación de humildad y desesperación, Elías clamó a Dios, y Dios respondió con fuego desde el cielo. No había nada secreto respecto a la fe de Elías. Como resultado, Dios mostró su poder sobrenatural públicamente. Elías vio un sueño volverse realidad cuando el pueblo dijo: "¡Jehová es el Dios!" Elías supo entonces que había cumplido su propósito.

● OTRO EJEMPLO

Hace algunos años, una organización misionera internacional estaba celebrando una conferencia de una semana para todos sus misioneros. Esa sería la última vez que muchos de esos misioneros podrían salir de sus países debido a la actitud antirreligiosa de sus gobiernos.

Un misionero de Birmania, Ouan Lei, había tratado durante casi un año de obtener permiso para salir de aquel país. Pero una y otra vez se le rechazó su petición de visa. La primera noche de la conferencia, después de todas las presentaciones preliminares, se puso de pie un misionero norteamericano y dijo que él creía que Dios deseaba que su amigo de Birmania estuviera en esa conferencia.

Nadie dijo ni una palabra cuando aquel santo anciano comenzó a orar. Comenzó por atar a Satanás. Luego le pidió a Dios que transformara la mente de los funcionarios que estaban a cargo de expedir las visas. El oró durante unos veinte minutos y se sentó.Después de varios minutos más de silencio, se reanudó la conferencia.

Como hora y media después, una mujer llegó corriendo desde la cocina para anunciar que alguien había llamado desde Birmania y que Ouan Leí acababa de recibir permiso para salir del país. Al igual que Elías, aquel santo norteamericano sabía cómo orar con la clase de autoridad que persuade a Dios.

RECLAMANDO LAS PROMESAS DE DIOS

Piense en todas las promesas que Dios ha hecho en las Escrituras respecto a la oración contestada. ¿Cuántas reclamamos diariamente? Por el contrario, nos quejamos de nuestras necesidades y de nuestros problemas. Andamos de puntillas alrededor de la sala del trono de Dios, teniendo miedo de pedir lo que de veras queremos. No acudimos a Él teniendo en cuenta lo que dijo que haría. Acudimos a Él irresolutos y con temor.

Sin embargo, según las Escrituras, debemos acercarnos a Dios confiadamente (Heb 4:16). Cuando salimos de nuestro lugar de oración, debemos esperar las respuestas de Dios. Él no quiere que deambulemos con actitudes de temor y duda, preguntándonos si Él hará algo en cuanto a nuestras peticiones. Él nos ha dado un espíritu de poder, no de cobardía (2 Ti 1:7).

> *"Porque no tenemos un sumo sacerdote que no pueda compadecerse de nuestras debilidades, sino uno que fue tentado en todo según nuestra semejanza, pero sin pecado. Acerquémonos, pues, confiadamente al trono de la gracia, para alcanzar misericordia y hallar gracia para el oportuno socorro"* (Heb 4:15, 16).

Cristo es nuestro mediador con Dios. Nos acercamos a Dios basándonos en la justicia de Cristo, no en la nuestra. Por lo tanto, podemos acudir a Dios el Padre con la misma autoridad que lo hizo Cristo. Por eso es que podemos acudir a Dios confiadamente y con un sentido de autoridad. Debido a nuestra posición en Cristo, podemos orar con autoridad, creyendo que Dios aceptará nuestras oraciones.

EL EJEMPLO DE JOSAFAT

Analicemos otro buen ejemplo de orar con autoridad. Josafat acababa de oír la noticia de que una gran multitud marchaba contra él desde más allá de los mares para llevar al cautiverio al pueblo de Dios. La Biblia dice que Josafat tuvo miedo y convocó a toda la nación al ayuno y a la oración. Con desesperación y temor, clamó al Señor. En esencia, él oró: "Oh Dios del cielo, ¿no eres tú el Dueño de todas las naciones en la tierra? Nosotros no tenemos poder. No tenemos fortaleza alguna. Lo único que podemos hacer es concentrar en ti nuestra atención." (Véase 2 Cr 20:6-12.) Dios oyó la oración de Josafat e hizo que sus enemigos se destruyeran entre sí.

• Elías y Josafat son dos ejemplos de hombres que se acercaron a Dios valerosamente, haciendo peticiones que permitirían que Dios se glorificara. Pero ¿cuán a menudo acudimos a Dios concentrándonos en nuestra propia sensación de ineptitud e impotencia? Decimos: "Oh Señor, tú conoces mis necesidades. Espero que hagas algo al respecto." Eso no es orar con autoridad, sino con derrota.•

EL PODER Y LA AUTORIDAD DE DIOS EN NOSOTROS

Orar con autoridad no quiere decir que vayamos a Dios con orgullo, haciendo lo que queremos a pesar de su voluntad. El concepto de autoridad significa algo totalmente distinto. Cristo dijo: "Toda potestad me es dada en el cielo y en la tierra" (Mt 28: 18). El vocablo griego empleado aquí para "potestad" (*exousia*) significa que Cristo tiene el poder y la libertad para hacer cualquier cosa que El desee sin impedimentos. Él tenía poder ilimitado e ilimitada libertad para usarlo.

"Pero recibiréis poder, cuando haya venido sobre vosotros el Espíritu Santo" (Hch 1:8). La palabra empleada en este versículo se deriva de otro vocablo griego (*dynamis*). Significa tener la capacidad sobrenatural de Dios para producir algo en el nombre de Jesucristo. Cristo tenía el poder de Dios con un carácter ilimitado, en tanto que nosotros tenemos el poder de Dios en conexión con el cumplimiento de su voluntad. Así que, cuando Jesús envió a los discípulos (Mt 28), ellos salieron con la confianza de que se les concedería todo el poder que necesitaban. Como Cristo tenía todo el poder en el cielo y en la tierra, Él podía darles ese mismo poder.

Ambos tipos de poder se mencionan en Lucas 9: 1. "Habiendo reunido a sus doce discípulos, les dio poder [*dynamis*] y autoridad [*exousia*] sobre todos los demonios, y para sanar enfermedades." Les dio el poder divino para cumplir la voluntad de Dios. En ese punto de su ministerio, recibieron el poder para hacer lo que Dios les había mandado. Pero tener el poder no era suficiente. Debían tener la autoridad, o el derecho a reclamar su posición de poder sobre todos los demonios y las enfermedades. Cristo les dio ese derecho.

Cuando Dios nos da una misión, siempre nos prepara para llevarla a cabo. Dios ha provisto para nuestras necesidades antes que surjan siquiera las necesidades. Nuestro problema es que no aplicamos el poder y la autoridad que Él ha puesto a nuestra disposición. Como resultado, quedamos sin respuestas y frustrados en nuestra vida de oración. Eso continuará hasta que hagamos la obra de Dios en el poder de Dios, no en el nuestro.

Dios ha puesto en las manos de cada creyente el poder más milagroso y sobrenatural que este mundo conocerá jamás. Sin embargo, todavía llevamos una vida sin poder, pronunciamos oraciones sin autoridad y hacemos obras ineficaces. Como resultado, está débil la iglesia. Y debido a que la iglesia está débil, la nación está débil. Nunca realizaremos lo que Dios quiere que realicemos como un cuerpo, o como individuos, hasta que aprendamos a acudir a Él reclamando el poder y la autoridad que nos ha concedido; un poder y autoridad que nos da el derecho y la capacidad para hacer las obras de Dios.

Esa autoridad no nos autoriza a presentarle exigencias a Dios. Al estudiar las oraciones de Elías y de Josafat, notamos que ellos acudieron a Dios con un profundo sentido de humildad. Ellos se acercaron a Él con confianza, pero no con orgullo. La humildad es indispensable si deseamos orar con autoridad. Humildad significa estar de acuerdo con Dios en cuanto a quiénes somos y qué podemos ser.

La humildad elimina el concepto de que le digamos a Dios lo que hay que hacer. En realidad, estamos clamando desesperados para que Él intervenga en nuestras circunstancias. Orar con autoridad es indispensable si hemos de hacer oraciones eficaces que le den a Dios la libertad de obrar. La oración sin autoridad carece de urgencia, lo que permite que Satanás nos desvíe. Sin urgencia, nos descorazonamos en nuestras oraciones. Lo más insignificante se vuelve una excusa para desistir. Sin un sentido de urgencia, nuestra mente se divide fácilmente. ¿Cuántas veces se ha encontrado usted diciendo palabras insensibles y vacías que sabemos que no pasan del techo? La falta de urgencia en la oración le da a Satanás el apoyo que necesita para desmoralizar y despiritualizar por completo nuestra vida de oración.

LA ORACIÓN: NUESTRO CAMPO DE BATALLA ESPIRITUAL

¿Por qué Satanás le da tanta prioridad a la destrucción de nuestra vida de oración? Pablo escribió:

> *"Porque no tenemos lucha contra sangre y carne, sino contra principados, contra potestades, contra los gobernadores de las tinieblas de este siglo, contra huestes espirituales de maldad en las regiones celestes" (Ef 6: 12).*

Los cristianos estamos en una lucha espiritual. La única vez que Satanás se preocupa por nosotros es cuando entramos en esa lucha. Ninguna otra cosa que hagamos es una gran amenaza para él. Satanás sabe que la verdadera lucha espiritual se libra de rodillas. La oración es el arma que más teme; por lo tanto, es contra la oración que él lanza su mayor ataque. Es de rodillas como se hace el mayor bien, y es de rodillas como enfrentaremos los mayores ataques.

Hubo un período de mi vida en que cada vez que me arrodillaba para orar me quedaba dormido. A pesar de que hubiera dormido bien, yo no podía permanecer despierto cuando comenzaba a orar. Hice todo lo posible por no quedarme dormido, pero no me valió de nada. Yo no tenía problema para estudiar, aun cuando me levantara temprano; pero no podía orar diez minutos sin caer rendido.

Luché con eso durante casi un año hasta que el Señor me reveló el problema. Satanás prefería que yo predicara o estudiara y no que orara. A él le encantaba que yo hiciera cualquier otra cosa que no fuera orar. Para estorbarme, me atacaba con un espíritu de adormecimiento. Cuando comprendí eso, le pedí a Dios que derribara esa fortaleza de adormecimiento y la sustituyera con un espíritu de agudeza mental. El problema desapareció de inmediato. Se reavivó la alegría de mi vida de oración, cesó la lucha con el adormecimiento, y una vez más entré en el fragor de la lucha.

Pablo le dice al creyente cómo prepararse para esa lucha espiritual (Ef 6: 13-17). Él pone en claro que toda la armadura es indispensable para poder estar firmes. Pablo sabía que la oración era mucho más que acudir de prisa a Dios y presentar algunas rápidas peticiones. El la veía como una lucha y nosotros también debemos verla así. Es en la oración dónde se ganan o ser pierden las batallas. Por lo tanto, es indispensable que aprendamos a orar.

Satanás no sólo ataca nuestra concentración en la oración, sino también nuestra fe. Cuando oremos sin autoridad, pueden infiltrarse las dudas. Él hará todo lo que pueda para aumentar nuestras dudas y destruir nuestra fe.

Satanás usa esas dudas contra nosotros diciendo cosas como ésta: "No puedes pedirle eso a Dios. ¿Quién piensas que eres tú? Eres un simple pecador. ¿Qué te hace pensar que puedas molestar a un santo Dios con tus problemitas?"

El problema es que sin ninguna autoridad en nuestras oraciones, no podemos reprenderlo ni arrancarlo de nuestros pensamientos. De igual manera, la iglesia es impotente frente a los ataques de Satanás a menos que vuelva a tener el poder y la autoridad de Dios en sus oraciones. A Satanás le encantaría que la iglesia siguiera de la manera que lo ha hecho en las últimas generaciones, acercándose tímidamente a las puertas del infierno sin ningún poder eficaz. Pero la culpa la tenemos nosotros. Procuramos librar esa batalla en la carne, no en el espíritu. Estamos librando una guerra espiritual sin poder espiritual, y estamos perdiendo. A Satanás no le preocupa cuántas veces vamos a la iglesia ni cuántos himnos cantamos. No siente amenaza por nuestras organizaciones ni por nuestros complicados mecanismos. Pero cuando el pueblo de Dios cae de rodillas, y reclama el poder y la autoridad de Cristo, todo comienza a moverse en el cielo, y todo comienza a estremecerse en el infierno.

NUESTRA RELACIÓN

Hay cinco requisitos previos si queremos acudir a Dios con una sensación de autoridad. En primer lugar, debemos tener una genuina relación personal con Dios por medio de su Hijo Jesucristo. Como nuestra autoridad se basa en nuestra posición en Cristo, debemos estar en Él para recibir su autoridad. La salvación es el primer paso.

LOS PENSAMIENTOS DE DIOS

En segundo lugar, debemos conocer los pensamientos de Dios (1 Co 2: 11, 12). Esa es una de las principales razones de que Dios nos haya dado las Escrituras. La Biblia nos muestra los pensamientos de Dios en nuestro vocabulario. Cuanto más saturemos nuestra mente con las Escrituras, tanto más pensaremos como Dios. Su perspectiva de las cosas se convertirá en nuestra perspectiva. Sus actitudes se volverán nuestras actitudes.

Como resultado llega a ser más fácil que nosotros conozcamos su voluntad, y conocer su voluntad es indispensable si hemos de orar con autoridad. ¿Por qué? Porque si sabemos que estamos orando de acuerdo con Dios acerca de algo, también sabemos que es sólo cuestión de tiempo hasta que Él lo resuelva. Conocer su voluntad en nuestras oraciones nos da la confianza de que Él está de nuestra parte.

A veces nos encontramos con preguntas que no parecen tener "respuesta en las Escrituras. Algunos problemas y circunstancias parecen tan extraordinarios que ni siquiera buscaríamos una solución en las Escrituras. Sentimos la necesidad de acudir a otra fuente. Pero no hay problemas extraordinarios. En algún lugar alguien se ha encontrado con una situación similar, o una en la que intervienen los mismos principios. En las Escrituras Dios nos ha provisto de principios fundamentales para resolver cualquier situación a la que nos enfrentemos. Pero depende de nosotros escudriñar las Escrituras para descubrir lo que dice su Palabra.

Otra manera en que Dios nos habla es mediante las oraciones de personajes bíblicos. Busque una oración que venga de acuerdo con su problema o necesidad en particular, y haga la oración con sus propias palabras. Luego vea cómo Dios respondió esa oración en la vida del que oró. Pudiera ser una petición de sabiduría como la de Salomón, o un clamor de ayuda como en el caso de Josafat. Pero recuerde que el mismo Dios que satisfizo las necesidades de aquellos hombres también puede satisfacer las necesidades de usted.

La clave es orar conforme a la voluntad de Dios. Para conocer su voluntad debemos conocer sus pensamientos. Para conocer sus pensamientos debemos saturar nuestra mente con su Palabra. Entonces comenzaremos a experimentar la autoridad de Dios en nuestras. oraciones.

UN CORAZÓN LIMPIO

En tercer lugar, debemos tener un corazón limpio si hemos de orar con autoridad. No puede haber ningún pecado conocido en nuestra vida. Pecado quiere decir una lealtad dividida. Dios no confiará su autoridad y poder a nadie que no esté totalmente entregado al propósito divino. Pero cuando pecamos, debemos confesar y arrepentirnos. No sólo así podemos recobrar el poder de Dios, sino también por un genuino espíritu quebrantado y afligido por nuestro pecado.

Una tarde una mujer y su esposo fueron a verme en busca de consejería matrimonial. Mientras describían sus problemas, se hizo evidente que la esposa estaba sufriendo de opresión satánica. Les dije lo que yo pensaba que era su problema y les pedí permiso para orar por la liberación y protección de la esposa. De inmediato ambos estuvieron de acuerdo, y entonces oramos.

Tres días después el esposo llamó y me dijo que las cosas habían empeorado. Parecía no haber cambio alguno en su esposa, y ambos estaban desanimados. Eso me inquietó muchísimo. *¿Por qué no respondió Dios mi oración?*, pensé. Cuando comencé a meditar en las Escrituras, Dios trajo a mi mente una esfera de desobediencia de la que yo no me había ocupado. Comprendí que ese pecado había anulado mi poder y autoridad para arrancar a Satanás de la vida de aquella mujer. Arreglé las cosas con el Señor y volví a llamar a la pareja para tener otra sesión de consejería.

Cuando volvieron, oramos otra vez. En esa ocasión tuvo lugar una transformación milagrosa. Cesó de inmediato la excéntrica conducta de la mujer, se disipó su opresión, cambió su semblante y se restauró su compañerismo con su esposo. Pero no fue hasta que me ocupé de mi propia vida que Dios tuvo la libertad para obrar en la vida de ella.

A menudo Satanás tratará de usar el pecado contra nosotros cuando oramos. Por eso no debemos seguir pensando en nuestros pecados una vez que se han confesado. Satanás quiere que andemos sin rumbo sintiéndonos culpables e indignos. Pero es la justicia de Cristo la que nos permite el acceso al Padre. Es una justicia que viene de Dios mediante la fe (Fil 3:9). Así que, una vez que hemos resuelto adecuadamente el problema del pecado, debemos olvidarlo.

MOTIVOS PUROS

En cuarto lugar, necesitamos motivos puros si vamos a orar con autoridad. ¿Recuerda lo que dijo Elías? "Señor, tú sabes por qué hice esto. Yo soy tu siervo, y por mandato tuyo he hecho todas estas cosas." Cuando acudimos al Padre celestial, debemos saber con certidumbre que nuestros motivos son puros. Debemos orar conforme a la voluntad de Dios, no según nuestros propios deseos egoístas vestidos de textos bíblicos inadecuados.

Sin embargo, no toda petición personal es egoísta. La clave es haber entregado nuestra vida a Dios antes de comenzar a orar. De esa manera desearemos la voluntad de Dios más que el asunto especial por el cual estamos pidiendo. Cuando Dios sabe que queremos más que cualquier otra cosa que se cumpla su propósito, Él puede confiarnos su poder. Pero mientras oremos con motivos egoístas, no nos lo puede confiar.

UNA CONFIANZA PERSISTENTE

En quinto lugar, debemos tener una confianza persistente en la fidelidad de Dios. Eso significa que la persistencia de su Palabra se reflejará en la persistencia de nuestras oraciones. Debemos orar hasta que veamos una respuesta. Si de veras creemos que estamos orando conforme a la voluntad de Dios, entonces ¿por qué dejar de orar antes de ver una respuesta? Muchas veces oramos fervientemente durante algún tiempo, luego perdemos interés y decimos: "Bueno, supongo que no fuera la voluntad de Dios." Esa es una excusa para nuestra falta de importunidad. Pero si vamos a orar con autoridad, debemos proseguir en la lucha hasta que veamos la victoria.

La oración con autoridad es una verdad fundamental que debe aplicarse si hemos de aprender a hablar con Dios eficazmente. Es cuestión de reclamar lo que ya Cristo ha comprado y pagado en el Calvario. Cuando oremos con la autoridad que Dios nos dio, veremos nuestras oraciones convertirse en los medios eficaces que deben ser. Se transformará nuestra vida y la vida de quienes nos rodean. Se ha prometido su autoridad. Ahora debemos decidir si pagamos o no el precio necesario para hacerla parte de nuestra vida.

LA ORACIÓN
Y EL AYUNO

Guardaos de hacer vuestra justicia delante
de los hombres, para ser vistos de ellos; de
otra manera no tendréis recompensa de vuestro
Padre que está en los cielos ... y cuando
ores , no seas como los hipócritas; porque
ellos aman el orar en pie en las sinagogas y en
las esquinas de las calles, para ser vistos de
los hombres; de cierto os digo que ya tienen
su recompensa ... Cuando ayunéis, no seáis
austeros, como los hipócritas; porque ellos
demudan sus rostros para mostrar a los hombres
que ayunan; de cierto os digo que ya
tienen su recompensa. Pero tú, cuando ayunes,
unge tu cabeza y lava tu rostro, para no
mostrar a los hombres que ayunas, sino a tu
Padre que está en secreto; y tu Padre que ve
en lo secreto te recompensará en público.
Mateo 6.1, 5.16-18

Cuando yo comenzaba el tercer año de estudios en el seminario, el comité de púlpito de una pequeña iglesia de Carolina del Norte me hizo una invitación para que fuera su pastor. También se me ofreció empleo como profesor de un instituto bíblico cerca de la iglesia. La iglesia me permitiría enseñar en el instituto mientras ejercía el pastorado.

Nunca había sido pastor. Aunque mis sentimientos eran variados, las abrumadoras emociones eran temor e insuficiencia. Mientras mi esposa y yo orábamos y hablábamos sobre esa oportunidad, mi lista de negativas crecía cada día. La congregación tendría que esperar siete meses por mí, y para entonces pudiera haber encontrado a algún otro pastor que le gustara más.

Yo desconocía por completo los verdaderos problemas que enfrentaba un pastor. Además, sentía que los pastores que estudiaban en el instituto bíblico no prestarían atención a un graduado del seminario sin experiencia que les enseñara homilética (preparación de sermones), predicación (exposición de sermones) y evangelización.

Yo iba de un lado a otro: "No, no puede ser la voluntad de Dios." "Sí, debe de ser su voluntad; yo no pedí esto." Durante varias semanas titubeó mi fe. Me estaba agotando mental, emocional y físicamente. No podía captar con claridad la dirección del Señor.

Entonces una mañana estaba leyendo el libro de Daniel. Cuando comencé a leer el capítulo nueve, recobré la esperanza. Sabía que había encontrado una manera de conocer la voluntad de Dios y estar seguro. Si Dios aceptó el ayuno de Daniel, ¿por qué no aceptaría el mío?

Nunca antes había ayunado. Cuando recuerdo el pasado, comprendo que nunca había sentido la necesidad. Pero en aquella oportunidad yo estaba desesperado por la clara dirección de Dios.

Después de tres días de ayuno, confesando, escuchando y escudriñando la Palabra, me sentí limpio, podado, lleno y seguro de cuál era el encargo de Dios. Iría con la seguridad de su ayuda divina.

En junio del año siguiente nos trasladamos a Fruitland, Carolina del Norte, para un ministerio apasionante que siempre será un acontecimiento importante de mi vida. Porque fue el llamado a ese ministerio el que me reveló mi necesidad de practicar los principios bíblicos del ayuno.

HISTORIA

Siempre a lo largo de la historia una nueva sed de Dios ha despertado un renovado interés en el ayuno. Fue así en la vida de los santos del Antiguo Testamento tales como Moisés el legislador, David el rey, Elías el profeta y Daniel el vidente.

Reformadores tales como Juan Calvino, Martín Lutero y Juan Knox practicaron el ayuno. Así lo hicieron predicadores como Jonathan Edwards, Juan Wesley y Carlos Finney.

Hay evidencias hoy de que otra vez una nueva sed por el Espíritu está despertando la iglesia adormecida. Y una vez más hay un creciente interés en la práctica del ayuno.

DEFINICIÓN DEL AYUNO

En primer lugar, definamos el vocablo ayuno. Es más que simple sacrificio o abstinencia, pero incluye ambos. Es abstinencia con una meta espiritual en mente. El ayuno es abstinencia de cualquier cosa que estorbe nuestra comunión con Dios

Según las Escrituras, el ayuno puede tomar varias formas. En primer lugar, hay ayuno de alimentos, que significa abstenerse de todo alimento, ilustrado por el ayuno de Cristo después d.e su bautismo (Lc 4:2). En segundo lugar, hay un ayuno absoluto, que significa abstenerse de beber al igual que de comer. Eso se ilustra con el ayuno de Esdras cuando se entristeció por la infidelidad del pueblo de Dios en el exilio (Esdras 10:6). Una tercera forma de ayuno indica el mutuo consentimiento de los cónyuges para abstenerse de las relaciones sexuales. Eso es lo que sugiere la exhortación de Pablo a los casados (1 Ca 7:3-6).

En Mateo 6, Jesús habla de orar, dar y ayunar (vv. 1-18). Él insiste en que verifiquemos nuestros motivos. Debemos preguntarnos: ¿Por qué estoy haciendo esto? No debemos hacerlo para que los demás nos vean. Tenemos que orar en secreto, no en público como los hipócritas. Tenemos que dar de tal manera que nadie sepa cuánto damos. Y cuando ayunamos, debe ser algo entre nosotros y el Señor.

Orar, dar y ayunar son actos personales de adoración, y por lo tanto se deben hacer en secreto. Debemos hacerlos por amor a Dios, no porque anhelemos la alabanza del mundo. Si hacemos esas cosas por la alabanza del mundo, entonces esa es la única bendición que recibiremos.

Cristo no dijo que debíamos conservar nuestro testimonio para nosotros mismos, sino más bien determinadas formas de adoración; en este caso orar, ayunar y dar. Eso impedirá que nos volvamos orgullosos y nos comparemos con otros creyentes.

A lo largo de las Escrituras, se menciona el ayuno como una ayuda a la oración. Antes que recibiera los Diez Mandamientos, Moisés ayunó y oró (Éx 34:28). David ayunó para profundizar su propia relación con el Padre (Sal 69: 10). A menudo, cuando la nación de Israel estaba siendo atacada, los líderes convocaban al pueblo a ayunar y a orar, pidiéndole a Dios que interviniera en favor de ellos (2 Cr 20:3). Daniel pasó un prolongado período de ayuno y oración para entender el plan de Dios en cuanto al retorno de Israel a Jerusalén desde el cautiverio babilónico (Dn 9:3). Después de oír la advertencia de Dios por medio de Jonás, la nación de Nínive comenzo a ayunar y a orar, y Dios detuvo su juicio (Jonás 3:5).

Jesús pasó los primeros cuarenta días después de su bautismo ayunando y orando, buscando la voluntad de su Padre (Le 4:1-2). Cuando comenzó la iglesia, los creyentes ayunaban y oraban. Antes de enviar a Pablo y a Bernabé en el primer viaje misionero, ellos ayunaron y oraron (Hch 13:2-3).

A lo largo de la Biblia Dios guió a su pueblo a ayunar y a orar. Y cada vez que el pueblo ayunaba y oraba, Dios puso en acción su poder sobrenatural para hacer lo que fuera necesario a fin de satisfacer sus necesidades. Ya fuera sabiduría o la derrota de un enemigo, siempre Dios fue fiel para suplir.

Como Dios honró tan poderosamente las oraciones de hombres y mujeres de la Biblia que ayunaron, debemos hacer del ayuno parte de nuestra vida también. Pero hay cuatro principios que debemos comprender si hemos de combinar eficazmente el medio del ayuno con nuestras oraciones.

OBEDIENCIA

Ante todo, el ayuno no anula nuestra responsabilidad de ser obedientes a Dios. No podemos ayunar y orar esperando que Dios nos bendiga cuando hay pecado conocido en nuestra vida. El ayuno no impresiona a Dios con nuestra espiritualidad hasta el punto de que Él pase por alto nuestro pecado. Por el contrario, el ayuno genuino siempre hará que examinemos nuestro corazón para estar seguros de que todo anda bien con Él.

Si Dios revela algún pecado en nuestra vida mientras estamos ayunando, debemos resolver eso de la manera que Él exija. Eso pudiera significar una interrupción en nuestro tiempo de oración mientras arreglamos las cosas con alguien a quien hemos ofendido, o pudiera significar un compromiso a enmendar eso más tarde. La cuestión es que Dios pudiera usar el ayuno para *revelar* el pecado, pero no lo podemos usar nosotros para *encubrir* el pecado.

EL DOMINIO DE LOS APETITOS

El segundo principio es que el ayuno pone nuestros apetitos físicos bajo el control del Espíritu Santo. Todos tenemos apetitos o instintos. El del hambre, el sexual, el de los impulsos afectivos, el de la necesidad de aprobación y muchos más. Dios nos ha dado esos instintos para que se satisfagan dentro de los términos de su Palabra. Hay veces, sin embargo, en que debemos poner a un lado la satisfacción de esos instintos para que busquemos a Dios con todo nuestro corazón. Cuando lo hacemos, llegamos al punto en que nuestro mayor deseo será la serena comunión con el Padre. Podemos hablar con Él con más sinceridad y escucharlo con mayor atención.

Esos apetitos e instintos no son malos, aunque a menudo se piensa que lo sean. Son dones de Dios. Pero si se abusa de ellos pueden convertirse en maldiciones. Por eso es que deben mantenerse supeditados a nuestro deseo de Dios. Se nos dieron los instintos a fin de que nos sirvan. Pero cuando pierden el equilibrio, nos convertiremos en sus esclavos. Al ayunar, podemos restaurar el equilibrio que Dios se propuso originalmente.

Como pastor, aconsejo a muchas personas que son esclavas de sus instintos. El problema más común es en la esfera de la lujuria sexual. "Estoy atrapado. No puedo salvarme por mí mismo. Por favor, ayúdeme. Tengo miedo de lo que yo pudiera hacer." Esos son los gritos de creyentes sinceros atrapados en la red de un deseo fuera de control: la lujuria.

A menudo se requiere más que leer la Biblia para ser liberado de semejante esclavitud. Deben cambiar los patrones de pensamiento. Se tiene que renovar la mente (Ro 12:1-2). Tiene que ponerse el instinto sexual bajo la autoridad del Espíritu Santo. El ayuno es una ayuda divina para producir esa transformación.

Una tarde un joven entró llorando en mi oficina. Me contó de su larga e inútil lucha contra la lujuria. Había hecho todo lo posible por obtener la victoria, pero nada le dio resultado.

Mientras conversábamos, lo exhorté a que ayunara durante tres días. Le dije que se aislara y pasara su tiempo en dos actividades. En primer lugar, no debía orar: "Oh Señor, ayúdame." Más bien debía alabar a Dios y darle gracias por la victoria que estaba obteniendo cada momento. Sus oraciones debían ser positivas. En segundo lugar, debía llenar su mente de las Escrituras. Debía leer pasajes que trataran específicamente sobre su problema (1 Ts 4: 1-7, Gá 5: 16-18, Col 3:5). También debía meditar en pasajes que le dieran seguridad de la presencia y del poder de Dios en su vida (Sal 57: 1, 2). Luego lo exhorté a que ayunara un día cada semana durante las tres semanas siguientes. Después de eso, le dije que hablaríamos otra vez.

Volvió un mes después. El ayuno había sido una lucha para él, sobre todo el primer día. "Cada hora sentí la tentación de rendirme - me dijo -, pero para la noche del segundo día, yo sabía que la victoria era posible." Durante ese tiempo dijo haber experimentado absoluta liberación de la lujuria, aunque nunca cesaron las tentaciones.

Ese joven salió libre de mi oficina. Decidió seguir ayunando un día a la semana, como un recordatorio de lo que Dios había hecho por él. Ahora sus oraciones estaban llenas de alabanza y acción de gracias porque Dios lo había liberado de la esclavitud.

¿Pudieran estar sin equilibrio uno o dos instintos de su vida? A veces pudiera ganar la lucha, mientras otras veces pierde. No es necesario mantenerse en esa situación. Usted puede tener absoluta victoria si le permite a Dios que le ayude a poner todos sus instintos bajo el control del Espíritu Santo. Cuando eso ocurra, usted descubrirá la libertad que nunca pensó que fuera posible.

EL CONTROL DEL ESPÍRITU SANTO

Un tercer principio es que el ayuno ayuda a poner nuestra mente, nuestra voluntad y nuestras emociones bajo el control del Espíritu Santo. El ayuno nos permite pensar con más claridad y rapidez. Como resultado, hay una nueva y constante conciencia de la presencia de Dios durante los tiempos de ayuno. Su presencia se hace más notoria incluso en medio de nuestra rutina diaria. Durante los períodos de ayuno, nuestra mente tiene mayor agilidad para entender las cosas del Espíritu. Eso es muy importante cuando estamos buscando su dirección para tomar una gran decisión.

AYUDA EN LA ADORACIÓN

Un cuarto principio es que el ayuno es una formidable ayuda cuando buscamos al Señor en adoración. ¿Qué sucedería si usted y yo comenzáramos a ayunar los sábados antes de ir el domingo a la casa del Señor? ¿Qué sucedería si toda una congregación hiciera eso? El culto de adoración sería un *verdadero* culto de adoración. Cuando las personas comienzan a ayunar, a orar y a buscar a Dios, y Él se convierte en la prioridad de su pensamiento, sentimiento y actividad, algo comienza a sucederles a esas personas y todos los demás que las rodean. Cuando Jesús se refirió al ayuno, no dijo *si usted* ayuna, sino *cuando usted* ayune. ¿Qué razones encontramos en las Escrituras para ayunar?

DISCIPLINA EL ESPÍRITU

El ayuno disciplina nuestro espíritu hacia las cosas del Padre. Cuando llegó el tiempo en que Jesús tuvo que buscar dirección en cuanto a su ministerio, El pasó tiempo ayunando y orando. Durante cuarenta días y noches disciplinó su espíritu y su cuerpo a fin de buscar la voluntad de su Padre. Aunque Cristo estaba más cerca de Dios que ningún otro en la tierra, consideraba necesario andar esa segunda milla.

El sabía que el ayuno lleva la relación de uno con Dios a un punto en que se convierte en una prioridad absoluta. El ayuno nos permite disciplinarnos a nosotros mismos, y por lo tanto nos pone en una posición por medio de la cual podemos alcanzar nuestra potencialidad máxima tanto mental como espiritualmente.

Muchos creyentes no ven la necesidad del ayuno. Pero si Cristo lo consideró necesario, entonces también será necesario para nosotros. Si hemos de alcanzar nuestra máxima potencialidad, debemos saber lo que Dios necesita decirnos individualmente. Eso requiere oración intensa. El ayuno intensifica la oración, permitiéndonos llegar a lo más profundo de nuestro espíritu hasta que podamos comprender las cosas espirituales que de otro modo no pudiéramos captar.

¿Cuántas veces hemos dicho o hemos oído decir a otros: "Ni siquiera sé lo que estoy sintiendo. Parece que no puedo explicármelo"? El ayuno poda y desprende capa tras capa de sentimientos, actitudes y experiencias hasta, que llegamos al corazón de lo que Dios está tratando de indicarnos. El ayuno es la disciplina del espíritu.

BUSCANDO LA VOLUNTAD DE DIOS

El ayuno nos ayuda a encontrar la voluntad de Dios. Por ejemplo, digamos que usted está pensando en casarse. En realidad, no está seguro de que esa sea la voluntad de Dios, pero piensa que pudiera ser. Usted ha orado y leído sobre el tema, y ha hablado con consejeros, pero todavía esta inseguro. Le sugiero lo siguiente. Pase tres días a solas postrado sobre su rostro delante de Dios, ayunando y orando en busca de dirección. Dígale que usted quiere que Él le revele mediante su Palabra lo que usted debe hacer. Dios acepta esa clase de oración. Mientras usted ayuna y ora, Él le aclarará los ojos, los oídos, el corazón y el espíritu. La atención de usted se volverá hacia Él y oirá de Dios como nunca antes. Su dirección se volverá clara, y usted podrá seguir los planes de Dios con absoluta seguridad de sus bendiciones.

Daniel comprendió ese principio. Luchó por entender una profecía de Jeremías. Él sabía que había algo que Dios quería que él supiera, pero no lo entendía con claridad. Así que ayunó y oró delante del Señor. Renunció a la satisfacción de ciertos apetitos físicos a fin de averiguar lo que Dios estaba indicando.

Necesitamos preguntarnos: *¿Quiero alcanzar mi potencialidad para Dios, o estoy dispuesto a sentirme satisfecho sólo con lograr algo espiritual? ¿Deseo el aplauso y el elogio de quienes me rodean más que la alabanza de Dios? ¿Quiero satisfacer mis apetitos, o quiero cumplir la voluntad de Dios?*

Si observamos nuestro programa diario, veremos que nos consumen la satisfacción de nuestros apetitos carnales más bien que los espirituales. Entonces nos apartamos de Dios y nos quejamos de que Él no nos habla. Parece como que está demasiado lejos. Si esperamos que Dios muestre su dirección y voluntad para nuestra vida, debemos ponerlo a Él en primer lugar. A menudo eso significa poner a un lado la satisfacción de nuestros apetitos físicos para que podamos concentrar nuestra atención en Él.

AYUDA EN EL ARREPENTIMIENTO

El ayuno tiene también otro propósito. A menudo el ayuno está asociado con el arrepentimiento y la confesión personal. Por ejemplo, digamos que usted tiene un habito que no puede vencer. Usted sabe que hay, una verdad que lo hará libre, pero por alguna razon no puede encontrarla. Lo ha intentado todo pero todavía no tiene la victoria.

Así que usted comienza a ayunar. Al principio es una lucha cuando Satanás ataca con todo lo que él sabe que es eficaz contra usted. Le dice: "¿De veras piensa que esto va a dar resultado? ¿Qué va a pensar tu familia?.

Y además, se supone que no se lo digas a nadie, pero ya todos lo saben. Estás perdiendo el tiempo."

Él sigue sin cesar, hasta que llega el momento en que Dios le revela a usted cómo ser libre. No todo ayuno será tan difícil. Pero recuerde que cuanto más cerca está usted de la victoria, tanto más se esforzará Satanás por desanimarlo. Si ha tratado alguna vez de ayunar y orar, y no ha logrado ser fiel a su cometido, entonces ha sufrido semejantes ataques. Pero a menudo no reconocemos a nuestro enemigo. Nos condenamos cuando en realidad debiéramos alentarnos al saber que Satanás está lo bastante preocupado como para molestarnos. Satanás sabe que, cuando uno de los hijos de Dios se arrepiente con ayuno y oración, Dios purificará a ese hijo y derribará las fortalezas. Él sabe que cuando acudimos a Dios de esa manera, nos veremos desde una nueva perspectiva. Veremos el pecado, la iniquidad y la carnalidad en nuestro corazón como nunca antes los hemos visto. Por eso Satanás hace todo lo que puede para impedir que tomemos demasiado en serio nuestro arrepentimiento y confesión.

No hay ningún incidente en la Biblia de personas que ayunaran, oraran y se arrepintieran en que Dios no pusiera en acción su poder sobrenatural en la vida de ellos. Eso mismo sigue siendo cierto hoy. Si el cuerpo de Cristo ayunara y orara un día por semana, el poder de Dios se pondría en acción como nunca antes lo hemos visto. Se llenarían las iglesias. La gente no tendría apuro por irse de los cultos. Mediante nuestra confesión y nuestro arrepentimiento, le damos la libertad a Dios para que envíe el avivamiento que este mundo necesita tan desesperadamente.

No es necesario el ayuno cada vez que confesamos el pecado, pero sirve de señal exterior de genuino quebranto y aflicción por el pecado. Le muestra a Dios que tenemos más interés en mejorar nuestra relación con Él que en satisfacer nuestros apetitos carnales.

¿Está usted en un momento de la vida en que dice: "Quiero ser todo lo que Dios quiere que yo sea, pero no me parece que las cosas salen como debieran"? ¿Siente como si hubiera algo que lo detiene a usted? Entonces lo exhorto a que pase un día a solas con Dios ayunando y orando. Dígale a su familia cuáles son sus planes sin hacer mucho alarde por eso.

Si usted está teniendo algún tipo de problema familiar, pudiera ser una buena idea ayunar y orar con su cónyuge. Hasta pudiera incluir a toda su familia. De cualquier manera, Dios hará algo sobrenatural en la vida de usted y en la de su familia.

LA PROTECCIÓN DE UNA NACIÓN

Con frecuencia la Biblia menciona el ayuno por la protección de una nación. En 2 Crónicas 20, Josafat convocó a la nación de Israel a un ayuno después que supo que se acercaba un enemigo. Desesperado cayó sobre su rostro y clamó a Dios. Cuando terminó, Dios habló por medio de un profeta que estaba en la asamblea.

Dios le ordenó a Josafat que reuniera su ejército y se pusieran en marcha hacia la batalla, con el coro y la orquesta yendo delante. Usted puede imaginarse el asombro de los enemigos cuando salió primero el coro. Se asombraron tanto que se confundieron. Dios los derrotó, pero no lo hizo de una manera natural y normal. Si Dios salva a este país, lo hará a su manera.

Nos gustaría ver a Dios salvar a nuestra nación mediante el envío de un gran despertamiento espiritual, pero no sabemos cuáles son los planes de Dios. Sin embargo, sí sabemos que Dios acepta el ayuno y la oración en favor de las naciones. Si nos preocupamos por algo y sentimos la suficiente carga, nadie tendrá que pedirnos que ayunemos. Ni siquiera será un esfuerzo.

Mi preocupación es ésta: ¿Hasta dónde llegaremos como nación antes que los cristianos al fin despierten y vean lo que está pasando? ¿Hasta dónde iremos antes que ayunemos y oremos regularmente por la liberación divina? Creo que Él está esperando por nosotros. Sin embargo, al igual que Josafat, de bemos reconocer nuestro peligro y nuestras debilidades, y entonces reconocer a nuestro Libertador.

LA REALIZACIÓN DE LA OBRA DE DIOS

También se menciona el ayuno en las Escrituras con relación al interés de las personas por realizar la obra de Dios. Considere el ejemplo de Nehemías. Mientras servía de copero del rey, supo la noticia de que los muros de Jerusalén estaban derribados y las puertas quemadas. Él escribió: "Cuando oí estas palabras me senté y lloré, e hice duelo por algunos días, y ayuné y oré delante del Dios de los cielos" (Neh 1 :4). Los versículos del cinco al once son una crónica de su oración. Él ayunó y oró mientras mantuvo su carga para sí mismo.

Un día el rey le preguntó a Nehemías: "¿Por qué está triste tu rostro?" (2:2). Entonces Nehemías temió, porque era impropio mostrar aflicción en la presencia del rey. Se suponía que la gente estuviera alegre para mantener al rey de buen humor.

Sin embargo, la aflicción de Nehemías era demasiado profunda para ocultarla, de modo que le habló al rey acerca de su pueblo y de su desesperada situación. Describió el estado de la ciudad y de los muros. Entonces el rey pagano le preguntó a Nehemías cómo podía ayudarlo. Aunque su oferta lo tornó por orpresa, Nehemías le dijo cuánto deseaba regresar a Jerusalén para reedificar los muros.

El rey fue fiel a su palabra, y permitió que Nehemías volviera a Jerusalén. Pero junto con él envió todos los materiales necesarios para reparar los muros y las puertas. Luego, para dar una ayuda completa, envió una escolta de su propio ejército para custodiar a Nehemías.

Esa es una perfecta ilustración de lo que ocurre cuando el pueblo de Dios ayuna y ora por una preocupación por la obra de Dios. En la actualidad, sin embargo, a menudo tratarnos de hacer la obra de Dios con nuestras propias fuerzas. Usarnos los recursos del mundo para financiar la obra de Dios y los principios del mundo para mantener su obra. Pero Dios nos advierte que no nos conformemos a la manera en que el mundo hace las cosas. Más bien debernos emplear sus principios.

¿Qué habría sucedido si Nehemías hubiera tratado de desarrollar un plan para reedificar los muros sin esperar en Dios? ¿Dónde podría haber conseguido un esclavo todo ese dinero? Y ¿cómo habría salido de la ciudad sin ser capturado? Y aun cuando hubiera podido llegar lejos, habría corrido el riesgo de ser capturado otra vez y de ser puesto en la cárcel. En otras palabras, la obra de Dios nunca se habría hecho....por lo menos no por medio de Nehemías.

Me pregunto cuánto de la obra de Dios nunca se hace, o se demora, como resultado de nuestra opinión equivocada. Cuando hacernos la obra de Dios a la manera de Dios, la hacernos en el poder de Dios. En su poder lo imposible se vuelve realidad. Somos sencillamente instrumentos a fin de ser usados para la gloria de Dios.

Dios quiere que nos ocupemos en la salvación de las almas, porque es la responsabilidad de cada creyente. La iglesia del Señor Jesucristo es más grande y más rica de lo que ha sido antes. Sin embargo, estarnos quedándonos cada vez más a la zaga en nuestro llamamiento a cumplir la Gran Comisión. ¿Por qué? Porque en algún punto del camino perdimos nuestra dependencia del Espíritu Santo, y hemos tratado de ganar al mundo mediante lemas ingeniosos, discursos persuasivos, emociones manipuladas y artimañas inútiles. Pero eso no da resultado.

DESPERTAR ESPIRITUAL

Creo que Dios quiere enviar un despertamiento espiritual a esta nación, pero no lo enviará hasta que Él sepa que estamos preparados. Debemos dejar de confiar en nuestra fortaleza y en nuestros recursos, y comenzar a suplicarle a Dios mediante el ayuno y la oración que nos envíe su unción. Sólo entonces estaremos preparados para hacer su obra. Y sólo entonces Dios enviará un avivamiento a nuestro país.

Sin embargo, todavía no estamos lo bastante desesperados. Todavía tenemos la idea de que podemos tener un avivamiento sin hacer un gran sacrificio personal. Como ciudadanos y como nación tenemos que confesar y arrepentirnos de esa actitud de orgullo. Tal autosuficiencia impide que Dios realice su obra por medio de nosotros.

Antes de las elecciones de 1980, los miembros de nuestra iglesia dedicaron un período de diez días para ayunar y orar. La idea era tener a alguien ayunando y orando veinticuatro horas al día durante esos diez días. Una pareja entendió mal el anuncio y pensó que debían ayunar durante los diez días, ¡y así lo hicieron! Cuando se enteraron de su error, fueron a decirme lo que había sucedido. Estaban rebosantes de alegría. Ambos dijeron que fue la más grandiosa experiencia de su vida. Dijeron que Dios usó ese tiempo para señalar algunos pecados ocultos en la vida de ellos que habían estado afectando su matrimonio. Él purificó la vida de ellos y renovó la relación del uno con el otro. Estaban entusiasmados en hacerlo de nuevo.

Dios quiere hacer una obra sobrenatural en la vida de usted y en la de su familia. Quiere que usted tenga lo mejor de Él. Mi oración es que usted le permita a Dios que ejerza su poder por medio de la vida de usted de la manera que Él lo considere apropiado. Lo más probable es que tenga que hacer alguna clase de sacrificio; tal vez mediante la oración y el ayuno. Pero ¿hay algún precio demasiado grande cuando consideramos lo que Cristo hizo por nosotros?

UNA CARGA DE ORACIÓN

Palabras de Nehemías, hijo de Hacalías.
Aconteció en el mes de Quisleu, en el año
veinte, estando yo en Susa, capital del reino,
que vino Hanani, uno de mis hermanos, con
algunos varones de Judá, y le pregunté por
los judíos que habían quedado de la cautividad,
y por Jerusalén. Y me dijeron: El remanente,
los que quedaron de la cautividad, allí
en la provincia, están en gran mal y afrenta,
y el muro de Jerusalén derribado, y sus puertas
quemadas a fuego. Cuando oí estas palabras
me senté y lloré, e hice duelo por algunos
días, y ayuné y oré delante del Dios de los
cielos. Y dije: Te ruego, oh Jehová, Dios de
los cielos, fuerte, grande y terrible, que guarda
el pacto y la misericordia a los que le aman
y guardan sus mandamientos; esté ahora
atento tu oído y abiertos tus ojos para oír la
oración de tu siervo, que hago ahora delante
de ti día y noche, por los hijos de Israel tus
siervos; y confieso los pecados de los hijos de
Israel que hemos cometido contra ti; sí, yo y
la casa de mi padre hemos pecado. En extremo
nos hemos corrompido contra ti, y no
hemos guardado los mandamientos, estatutos
y preceptos que diste a Moisés tu siervo.
Acuérdate ahora de la palabra que diste a
Moisés tu siervo, diciendo: Si vosotros pecareis,
yo os dispersaré por los pueblos; pero si
os volviereis a mí, y guardareis mis mandamientos,
y los pusiereis por obra, aunque
vuestra dispersión fuere hasta el extremo de
los cielos, de allí os recogeré, y os traeré al
lugar que escogí para hacer habitar allí mi
nombre. Ellos, pues, son tus siervos y tu

pueblo, los cuales redimiste con tu gran poder,
y con tu mano poderosa. Te ruego, oh
Jehová, esté ahora atento tu oído a la oración
de tu siervo, y a la oración de tus siervos,
quienes desean reverenciar tu nombre; concede
ahora buen éxito a tu siervo, y dale
gracia delante de aquel varón. Porque yo
servía de copero al rey.
Nehemías 1.1-11

Un amigo me contó algo que ocurrió mientras él pastoreaba una iglesia en Miami: Un lunes como a las cuatro de la tarde, una mujer de su congregación estaba preparando la cena cuando de repente se sintió preocupada por mi amigo Jack. Ella trató de quitarlo de su mente, pero por alguna razón no podía dejar de pensar en él.

Así que salió de la cocina, fue a su dormitorio y comenzó a orar. Mientras oraba comenzó a llorar. Ella le suplicó a Dios que lo sostuviera a él en esa crisis, cualquiera que fuera. Eso continuó durante treinta minutos. Luego, tan de repente como llegó, la carga la dejó. Ella volvió a su tarea en la cocina y no pensó en eso hasta el domingo siguiente, cuando vio a Jack en el templo.

La mujer le contó a Jack lo que había sucedido y le preguntó si algo andaba mal. Con una mirada de asombro, él le contó su experiencia asoladora.

Ese mismo lunes Jack estaba volando en su propio avión de un solo motor desde Miami hasta Fort Pierce, Florida. Como estaba apurado, no verificó si tenía suficiente combustible.

Casi a medio camino de Fort Pierce, el motor comenzó a chisporrotear y finalmente dejó de funcionar. Jack miró su reloj. Eran las cuatro de la tarde. Cuando su avión estaba perdiendo altura, Jack comenzó a orar ya buscar un lugar para aterrizar. Pero no había un lugar apropiado a la vista.

Cuando se preparaba para un aterrizaje de emergencia, Jack avistó un campo de cultivo que acababa de ser arado y desbrozado para sembrar. Para entonces su avión estaba perdiendo altura rápidamente y el campo estaba distante todavía. Jack sabía que el resultado de esa situación estaba por completo en las manos del Señor.

Jack logró llegar al campo. Cuando al fin el avión se detuvo, la parte delantera del aparato quedó descansando cómodamente contra un árbol. Ni Jack ni su avión sufrieron daño alguno. Mientras daba gracias a Dios por haberlo salvado, Jack miró su reloj. Eran las cuatro y media.

Cuando Jack terminó de contar lo que había sucedido el lunes anterior, él y la mujer tenían lágrimas en los ojos. Ella había sido un instrumento de Dios en una crisis. Él había sido el centro del amor y el cuidado de Dios. Juntos fueron ejemplo de cómo Dios usa las cargas de oración para cuidar de aquellos a quienes ama.

Es probable que el orar con una carga sea el aspecto más descuidado de la oración. Como resultado, a menudo hacemos oraciones sin cargas. Repetimos las mismas viejas peticiones una y otra vez, pero sin sinceridad ni sentido de urgencia.

Para ilustrar el principio de orar con una carga, volvamos a la historia de Nehemías. Nehemías era un esclavo en Babilonia, que le servía de copero al rey. Todo anduvo muy bien hasta que algunos de sus amigos de Jerusalén fueron a Babilonia y le contaron sobre la terrible situación de la ciudad. Él sintió la carga, y lloró y se afligió.

EL ORIGEN DE UNA CARGA

Según las Escrituras, las cargas tienen uno de tres orígenes. Algunas veces sentimos una carga como resultado del pecado no confesado. La manera de resolver eso es sencillamente confesar el pecado y no detenerse. A veces sentimos cargas por causa de *actitudes negativas*. Esas actitudes pueden ser nuestras, o actitudes de alguien hacia nosotros. De cualquier manera, la opinión equivocada puede convertirse en una carga innecesaria, que finalmente conducirá a la ruina.

En otras ocasiones *Dios* nos da una carga. Una carga de Dios es un peso en el corazón y en el espíritu; es una expresión de la preocupación de Dios en cuanto al pecado en la vida de una persona o a una necesidad especial que ella pudiera tener. Su principal función es hacer que doblemos nuestras rodillas delante del Señor, orando conforme a su voluntad.

Hay varios aspectos de una carga de oración que debemos entender si hemos de reconocer que una carga es de Dios y si hemos de reaccionar debidamente ante ella. Una vez que tengamos esos principios clave arraigados en nuestra mente, veremos frutos duraderos como resultado de las cargas que Dios nos da.

Una carga de Dios siempre está orientada hacia una necesidad específica, hacia algo o alguien que necesita cambiar. La carga pudiera llegar como resultado del pecado en la vida del que tiene la carga, o pudiera ser por causa del pecado en la vida de un amigo. En el caso de Nehemías, la carga fue resultado del quebranto de Dios por la triste situación de Jerusalén porque Él quería que cambiaran aquellas circunstancias.

PRUEBA DE LOS PROPÓSITOS DE DIOS

Cuando Dios pone una carga de oración en nuestro corazón, se propone hacer algo sobre el asunto por el que nos ha dado la carga. Si Dios pone una carga en el corazón de usted en cuanto a alguien que está perdido, eso es prueba de que Él tiene el propósito de salvar a esa persona. A menudo Dios usará a la persona a quien le da la carga para ayudar a cumplir su voluntad. Si Dios le da la carga de orar por alguien que tiene necesidades económicas, es probable que quiera que usted contribuya a satisfacer esa necesidad de una manera material así como mediante la oración.

La oración siempre comienza con Dios. Por ejemplo, digamos que Dios ve que usted tiene una necesidad. Dios comienza a buscar a alguien que esté dispuesto a recibir la carga. Pudiera escoger a un buen amigo de usted o a alguien a quien ni siquiera conoce. De cualquier manera, Él busca a alguien que esté llevando una vida obedientE y piadosa; alguien en quien Él pueda confiar que prosiga su objetivo una vez que reciba la carga.

Cuando Él encuentra a alguien y le da la carga, esa persona comienza a preocuparse por usted. Dios aumenta la carga y su intensidad hasta que ésta se vuelve muy real y esa persona comprende la importancia de su sensibilidad a la voluntad de Dios. Comienza a interceder por usted como el Señor la guía. Eso le da a Dios la libertad de obrar para responder sus oraciones, y Él satisface la necesidad de usted. Pudiera ser por medio de la persona que está orando o por algún otro medio.

CÓMO FUNCIONA

En esencia, ese proceso funciona como un triángulo: Dios pone una carga en el corazón de la persona A; la persona A ora por la persona B; Dios satisface la necesidad de la persona B; y la persona A es bendecida al ver una respuesta a la oración. A menudo, cuando Dios satisface nuestras necesidades, tenemos la impresión de que fue resultado de nuestras oraciones solamente. Pero nunca sabemos a quién Dios le ha dado la carga por nosotros. Cuando lleguemos al cielo y veamos quiénes estuvieron orando por nosotros, y cuándo oraron ellos, nos sentiremos sorprendidos y humillados. Nadie es autosuficiente; todos necesitamos de las oraciones de los demás.

Pero ¿por qué tiene Dios que usar ese triángulo de oración para cumplir su voluntad? Él puede responder las oraciones sin ayuda exterior, ¿no es así? Si Dios ve mi necesidad, ¿por qué debiera molestar a otra persona con eso?

¡Por supuesto que Dios pudiera hacerlo todo sin nosotros! Pero ha escogido ese método para permitir que seamos bendecidos al verlo obrar en la vida de los demás. Él quiere que intervengamos en los asuntos de los demás de una manera espiritual: amándonos y alentándonos unos a otros. Dios usa ese triángulo para unirnos. Él permite que seamos parte de la bendición de otra persona al hacernos participar en la respuesta a la oración. Esa es la médula misma de una carga de oración.

CÓMO SE COMUNICA UNA CARGA

Sabemos que todas las verdaderas cargas de oración vienen de Dios, pero ¿cómo nos comunica Dios sus cargas? Muchas veces Él usará algo que alguien diga. En otras ocasiones Dios pudiera hablarnos directamente mediante su Palabra o de alguna otra manera cuando estamos callados y escuchando.

A las ocho de la mañana un hombre me llamó y me dijo: "Charles, he titubeado antes de llamarte porque no sabía cómo reaccionarías a lo que voy a decirte. Dios me dijo que te llamara y te dijera que canceles todo lo que tienes planeado para el día y que pases el tiempo orando."

Mi primera reacción ante la llamada de mi amigo fue seguir en mi trabajo comó de costumbre y planear otro día para la oración. Pero Dios confirmó sus instrucciones en mi corazón de un modo tan enfático que yo no podía resistir con una limpia conciencia.

Llamé a mi secretaria y le dije que cancelara todo en mi plan de trabajo para aquel día. Luego fui a mi estudio y pasé el día sobre mis rodillas. Tan pronto como comencé a leer las Escrituras, era como si cada versículo dijera: "Querido Charles." Yo sabía que Dios tenía algo especial para mí.

Pasaron varias semanas antes que Dios me revelara lo que estaba diciendo; pero creo que la chispa fue aquel día de ayuno y oración. Y todo comenzó porque me comunicó su interés por mi necesidad mediante el inspirado consejo de un amigo.

Creo que Dios pudo habérmelo dicho directamente, sin la intervención de otra persona; pero en este caso Él optó por usar a un amigo. El Señor debe de haber sabido que yo no estaba escuchando o que mis planes estaban tan organizados que se necesitaba algo extraordinario para atraer mi atención. Pero también Dios sabía que ese episodio fortalecería y profundizaría mi relación con mi amigo.

Sin considerar cómo recibimos una carga de oración, es definitivamente de Dios. Pudiera llegar como un repentino peso en el corazón, o gradualmente, aumentando en intensidad. Algunas cargas llegan de ambas maneras. Tenga cuidado de no confundir una carga con algún problema físico o emocional. A veces una carga agotará de tal modo a una persona que llegue a pensar que se trata de un caso de depresión. Pero en vez de deprimirnos, tenemos que doblar nuestras rodillas.

EL PESO DE UNA CARGA

El siguiente aspecto de una carga de oración que debemos comprender es el peso de una carga. En el caso de Nehemías, la carga era tan grande que hizo que él llorara y se afligiera. En realidad, apenas podía dedicarse a sus responsabilidades. Y cuando lo hacía, su rostro estaba tan triste que el rey lo notó.

No todas las cargas nos infligirán un dolor tan grande, pero algunas harán que lo detengamos todo. Cuando la carga es demasiado pesada, por lo general Satanás se apresura a decirnos que nos libremos de ella y sigamos andando.

"Estás demasiado ocupado para preocuparte por eso ahora", dice él. Pero a pesar de nuestras apremiantes responsabilidades, debemos dedicar tiempo a alejarnos y pasar algunas horas o días a solas con Dios en oración.

No todas las oraciones requieren días o siquiera horas de oración; algunas cargas pudieran ser por algo que Dios guiere que usted haga en ese momento. Por ejemplo, El pudiera poner en usted la carga de llamar a un amigo o darles algo a los pobres. Ese tipo de cargas pudieran comprenderse de inmediato sin un largo proceso de búsqueda de Dios. Pero tenemos que estar dispuestos a pasar más tiempo con Dios cuando sea necesario.

ES IMPORTANTE EL MOMENTO OPORTUNO

Una vez que usted haya decidido dedicar tiempo para buscar al Señor, Satanás lo tentará para que lo posponga. Pero escoger él momento oportuno es importante cuando se ora por un asunto. Hace pocos años, durante unas vacaciones de verano, mi hijo y algunos amigos iban en una balsa por un río de Carolina del Norte que tenía algunos rápidos. Mientras estaban en el río, tuvieron que participar en el rescate de otro grupo de balseros que había perdido el control de su balsa y que era arrastrado por la corriente hacia la parte más peligrosa del río. Durante el rescate, un muchacho que trató de cruzar a nado el río se hirió la rodilla y fue llevado al hospital.

Aquella noche, cuando el grupo regresaba, la madre de una de las muchachas preguntó si todo el mundo estaba bien. Su voz mostraba tal inquietud que era obvio que había estado preocupada. Después de preguntársele por su inesperada preocupación, ella explicó que durante el día el Señor había puesto una carga en su corazón de que orara por la seguridad del grupo. Mientras oraba, el Señor le reveló que había habido algún accidente y que alguien se había herido una pierna.

Esa madre sabia conocía la importancia del momento oportuno al orar por un asunto. Le permitió a Dios que intercediera por medio de ella durante el tiempo de crisis. Dios usó sus oraciones para evitar que una mala situación se volviera aun peor.

PREOCUPACIÓN VERSUS CARGA

En este punto, debemos distinguir entre una preocupación y una carga de oración. Una preocupación es egocéntrica, mientras que una carga se concentra en Dios. La preocupación concentra nuestra atención en nuestras circunstancias; Dios quiere que nuestra atención se concentre en Él. En realidad, Él nunca quiere que nos concentremos en la persona ni en el asunto de la carga.

La intensidad de una carga estará determinada por dos factores: la magnitud de la situación que Dios quiera resolver y la urgencia con que Dios quiera resolverla. Cuando mi amigo me llamó me dijo: "Esta mañana tú vas a comenzar orando." De inmediato me sentí sobrecogido con un tremendo sentido de la presencia de Dios y de un temor reverente ante la carga que Dios estaba poniendo sobre mí. Dios quería que yo hiciera algo de inmediato. En el caso de Nehemías, la magnitud de lo que debía hacerse hizo que esa carga fuera pesada. Tenía toda una ciudad que reconstruir sin tener idea de cómo debía reconstruirse.

A veces la urgencia de algo es importante porque Dios ve que estamos a punto de caer por un despeñadero. Vamos en una dirección determinada en la vida y todo marcha bien. Entonces de repente sentimos que algo no anda bien. Dios pone una carga en nuestro corazón. Sentimos que Él nos trastorna y nos hace sentir inseguros acerca de las cosas.

Examinamos nuestra vida en busca de pecado. No encontramos nada, pero todavía algo anda mal. Es cuando debemos detenernos y preguntar: "Señor, ¿qué tratas de decirme?" Sólo cuando lo detenemos todo y nos sosegamos, le damos a Dios la oportunidad de decirnos la carga que ha puesto en nosotros.

Dios nos revelará si estamos corriendo en la dirección equivocada. Él nos revelará la dirección en la que debemos ir. Así que, además de hacer que intervengamos para bien en la vida de los demás, se pudiera poner una carga de oración en nuestro corazón para impedirnos que tomemos una decisión equivocada.

LA DURACIÓN DE UNA CARGA

Algunas cargas duran más tiempo que otras. La duración depende de la magnitud de la carga y de nuestra reacción a lo que Dios está indicando. A veces repelemos una carga, lo cual hace que Dios continúe manteniéndonos en una posición en la que escuchemos. No debemos olvidar que cada carga que Dios pone en nuestro corazón sobre una situación especial es prueba de que ya Él está obrando.

Esa realidad debe animarnos a orar con fe perfecta. Una carga es una promesa de la mano de Dios en un asunto en particular. Dios hace su obra primordialmente mediante las oraciones de sus hijos. Al darnos una carga, Él nos da la oportunidad de desarrollar nuestra fe. ¿Cómo? Permitiéndonos orar por algo que Él ya ha comenzado a contestar. Cuando Dios pone una carga en nuestro corazón y nosotros oramos por ella fielmente, se pueda dar por contestada nuestra oración. No es necesario orar: "Si es tu voluntad." *Sabemos* que es su voluntad, sencillamente porque Él ha puesto la carga en nuestro corazón.

Ha habido veces en que Dios ha puesto una carga en mi corazon que ha durado durante varios meses. En otras ocasiones las cargas han durado sólo algunas horas. Si Dios exige un cambio radical en mi vida , la carga permanecera conmigo hasta que se realice el cambio; El mantendrá la carga hasta que me concentre en El y busque su dirección.

La carga de Nehemías duró mucho tiempo, tanto tiempo que había afectado su apariencia física. Pero aunque Nehemías había estado orando y buscando la dirección de Dios, ya Dios estaba obrando en la vida del rey. No sabemos de qué manera, pero *algo* había estado sucediendo. El rey no sólo permitió que Nehemías y su pueblo sé fueran a su país, sino que también les dio todos los materiales de construcción que ellos necesitaban. Entonces, para dar una ayuda completa, envió una escolta armada. Nunca el rey hubiera hecho tan enorme sacrificio sin pensarlo sólo porque uno de sus siervos se viera un poco deprimido. Dios había preparado su corazón.

Se quitó la carga sólo después que Nehemías vio que Dios realizó todo eso. Nehemías había sido fiel a la carga que Dios había puesto en su corazón. No sólo fue fiel en sus oraciones, sino que cuando vio una oportunidad de que Dios lo usara, la aprovechó. Estuvo dispuesto a ser parte de la respuesta a su propia oración.

DANDO A CONOCER NUESTRAS CARGAS

El dar a conocer las cargas es un medio que Dios usa para que se realice su obra. Pero debemos ser en extremo sensibles a la dirección de Dios cuando hablamos de las cargas. Deben darse a conocer algunas cargas mientras que otras tienen que mantenerse como un asunto personal. Cuando hablamos de una carga debe hacerse en un espíritu de genuino estímulo y amor. No debe haber crítica alguna.

Muchas veces Dios deseará que sólo hablemos de la carga con la persona por la que hemos sentido esa carga. El escoger el momento oportuno es muy importante, porque mientras Él está obrando en nosotros, Él está obrando en ellos. Cuando Dios tenga a las dos personas preparadas, entonces nos permitirá dar a conocer nuestra carga. A menudo el hablar de una carga servirá de estímulo a aquel por quien sentimos la carga. Las personas que tienen necesidad o sufren deben saber que se está orando por ellas.

Es necesario dar a conocer algunas cargas con muchas personas. Por ejemplo, si usted se enteró de que uno de sus amigos estaba enfermo, sentiría la carga de oración por él. En realidad, su preocupación no sólo se expresaría mediante sus oraciones, sino también al hablar de esa necesidad con otros que pudieran orar. Al hablar de ese tipo de cargas, Dios nos usa para que pongamos cargas de oración en la vida de los demás. Dios puso una carga en los amigos de Nehemías, quienes a su vez le hablaron de su carga a Nehemías. Dios usó ese modo de dar a conocer la carga para poner la misma carga en Nehemías. Como resultado, se reconstruyeron los muros de Jerusalén.

Tengo una carga personal por esta nación. Creo que esa es una carga que cada norteamericano debiera ayudar a llevar. Mi espíritu se aflige cuando veo a los norteamericanos, sobre todo a los cristianos, que no sienten carga alguna por su país. Ese es el tipo de carga que debe anunciarse a todo el mundo.

BENDICIÓN PERSONAL

Cuando tenemos una carga de oración y nos concentramos en Dios, lo vemos desde una nueva perspectiva. Cuando eso ocurre, nos vemos desde una perspectiva diferente. Como resultado, se revelan todas las cosas ocultas de nuestro corazón. Cuando oramos por alguna otra persona, Dios nos limpia de modo que podamos oír lo que Él está diciendo. Cuando llega una carga, siempre sigue un tiempo de limpieza espiritual. Tal vez esa sea una razón de que huyamos de las cargas. No nos gusta esa limpieza. Sin embargo, Dios sabe que cuanto más limpios y más llenos del Espíritu estemos, tanto más eficazmente podemos orar.

Como resultado de que Dios nos limpia, experimentamos una nueva sensación de cercanía a Él. Lo amamos más y le servimos con más fidelidad. No solamente lo amamos más a Él, sino que también amamos más a quienes nos rodean. Con ese renovado amor por los demás, oramos con vehemencia por las cargas que Dios pone en nuestro corazón. Se da una carga, por lo tanto, para el beneficio espiritual de todos los implicados. Cuando nos negamos a llevar una carga, perdemos a la vez una bendición.

El corazón de usted pudiera estar agobiado con una carga del Señor. Usted ha estado tratando de librarse de ella. Quizás incluso pensara que estaba enfermo. La solución es que se postre sobre su rostro delante de Dios y le diga que está dispuesto a recibir cualquier carga que Él tenga para usted. Dígale que la soportará hasta que Él cumpla su propósito.

Cuando usted hace eso, se pone en una posición para ser usado por Dios en la vida de otra persona ya sea directa o indirectamente. Pero también le permite a Dios que comience a limpiarlo a usted más profundamente de lo que haya sido limpiado jamás. Usted abre las ventanas de su vida a las grandes bendiciones espirituales.

¿Está dispuesto a hacer esta oración? *Señor, estoy dispuesto a recibir cualquier carga que quieras darme. No escatimes el peso. Úsame al máximo.*

Si ese es realmente el deseo de su corazón, cuando llegue al cielo se asombrará de lo que Dios hizo como resultado de la disposición de usted para tomar sobre sí las cargas de Él.

LA ORACIÓN
CONTESTADA

Pedid, y se os dará; buscad, y hallaréis; llamad, y se
os abrirá. Porque todo aquel que pide, recibe; y el que
busca, halla; y al que llama, se le abrirá. ¿Qué hombre
hay de vosotros, que si su hijo le pide pan, le dará una
piedra? ¿O si le pide un pescado, le dará una serpiente?
Pues si vosotros, siendo malos, sabéis dar buenas
dádivas a vuestros hijos, ¿cuánto más vuestro Padre que
está en los cielos dará buenas cosas a los que le pidan?
Mateo 7.7-11

Ese pasaje hace que la oración parezca ser sencillamente un proceso de causa y efecto. Pida y entonces reciba, como si fuera nada más que eso. Pero a menudo eso no sucede cuando oramos. Pedimos, pero no vemos resultados. Todos tenemos interés en la oración contestada, pero nuestras oraciones sin respuestas nos han llevado a muchos a no esperar que Dios responda cada vez que oremos. En realidad nos sorprendemos cuando una oración tiene respuesta. Sabemos que la Biblia enseña que Dios responde la oración. Sabemos que Él ha respondido algunas oraciones en nuestra vida. Lo hemos visto responder las oraciones de otros. Pero todavía luchamos y nos preguntamos por qué El no responde todo el tiempo.

UN ESTIMULO PARA ORAR

En primer lugar, Jesús nos exhorta a orar. Él nos dice que pidamos, busquemos y llamemos. Pedimos cosas, buscamos inteligencia y llamamos a las puertas de oportunidad que hay delante de nosotros. El Señor quiere decir que en cada esfera de la vida podemos encontrar lo que buscamos al hablar con el Padre celestial.

Algunas personas se preguntan si debemos pedirle a Dios cosas materiales. La respuesta se encuentra en los versículos nueve y diez. Los padres sabios hacen todo lo que pueden por satisfacer las necesidades de sus hijos. Eso vale para las necesidades materiales así como las alimenticias y espirituales.

Según el versículo once, los regalos materiales que les damos a nuestros hijos son prueba de que Dios quiere darnos de igual manera, pero a un mayor grado. ¿Tenemos algún privilegio del que Dios nos haya despojado? ¡No! En realidad, no hay manera de que podamos darle a Dios más de lo que Él nos da, ni en el orden material ni de ningún otro modo.

¿SOMOS DIGNOS?

Otro problema que algunas personas tienen es con relación a su indignidad para hacer que Dios responda sus oraciones. Pero el fundamento de toda oración que Dios responde es su amor por nosotros. El Calvario resolvió la cuestión del mérito de una vez por todas. Conforme a su amor, somos dignos del mayor don que Él nos dio: su Hijo. Después de eso, cualquier cosa que pidamos es algo secundario.

¿Por qué nos resulta tan difícil creer en Dios en las cosas más insignificantes de la vida? Es Satanás quien dice: "¿Quién piensas que eres tú para pedirle algo a Dios?"

Para esa pregunta sólo hay una respuesta: "Soy un hijo del Rey. Soy tan digno ante los ojos de Dios que Él envió a su Hijo unigénito a morir por mí. Si Él murió por mí, no hay dudas de que me dará cualquier cosa que yo necesite."

Hay dos escuelas de pensamiento opuestas tocante a la voluntad de Dios en cuanto a bendecimos en la tierra. Un grupo cree que debemos vivir en la pobreza, sufrir persecución y morir en la pobreza como un sacrificio a Dios.

El grupo opuesto cree que lo único que tenemos que hacer es pedirle a Dios y Él comienza a derramar las bendiciones; que Él nos dará todo lo que pidamos. Según ese grupo, lo único que debemos hacer es pensar positivamente. Pero ambos puntos de vistas son extremistas. Ninguno de los dos tiene el debido equilibrio.

LA VOLUNTAD DE DIOS EN CUANTO A BENDECIR A SUS HIJOS

Dios nos ama y quiere satisfacer nuestras necesidades. Él quiere concedernos las peticiones de nuestro corazón (Sal 37:4). Pero Dios también desea que busquemos su rostro, no sólo su mano. Cuando nuestras oraciones están llenas de yo quiero, la probabilidad es que nuestra mirada esté fija en la bendición, y no en Dios. Así como Dios da por amor, Él desea que a su vez lo amemos a Él. Cuando lo amamos, lo buscamos a Él y no sólo sus bendiciones. Para volver nuestra atención a Él, a menudo cerrará las ventanas del cielo. De lo contrario, proseguiríamos ciegamente en nuestro error y nunca procuraríamos conocerlo de la manera que Él quiere.

Nuestro Padre celestial nos ama tanto que Él quiere que obtengamos lo que buscamos. Pero siempre medirá nuestras peticiones con lo que sabe que es mejor para nosotros. Por eso es absurdo que nos quejemos cuando Dios no responde determinadas oraciones. Como sus decisiones son para nuestro bien, entonces nunca debemos tratar de convencerlo de que nos dé lo que ya ha dicho que no puede darnos.

Cuando mi familia y yo nos mudamos a Atlanta, estuvimos buscando durante más de un mes antes que encontráramos una casa apropiada. Hasta entonces habíamos estado viviendo en casa de unos amigos. Cuando mi esposa me dijo que había encontrado precisamente lo que estábamos buscando, yo estaba emocionado.

Oramos y sentimos como que eso era del Señor, de modo que solicitamos un préstamo. Cada día le pedimos a Dios que hiciera que se nos aprobara aquel préstamo. En realidad, creíamos que Él lo haría; incluso le dimos las gracias por adelantado.

Una semana después, la oficina bancaria me informó que se había rechazado nuestra solicitud de préstamo. Eso me causó una verdadera conmoción. Hasta la fecha, todavía desconozco la razón para que rechazaran nuestra solicitud. Y no pudimos entender lo que Dios planeaba. "¿Por qué no respondió nuestra oración?", nos preguntamos.

Dios respondió esa pregunta al día siguiente al enviar un tremendo temporal. El sótano de la casa que estuvimos a punto de comprar se inundó con un pie de agua. Habíamos planeado usar el sótano para un estudio y para garaje. Pero Dios tuvo cuidado de nosotros aun cuando no entendimos su voluntad. Una semana después encontramos la casa que nos convenía, y disfrutamos de nuestra estancia allí durante ocho años.

Ahora que entendemos el fundamento del amor de Dios por nosotros, necesitamos entender cómo estar en una posición que le permita responder nuestras oraciones. El problema no está en la capacidad de Dios para hacerlo.

Él puede hacer más de lo que podamos pedir o pensar. En realidad, el problema no tiene que ver con Dios de ningún modo; el problema tiene que ver con nosotros.

Hay seis condiciones que deben cumplirse en nuestra vida para que Dios responda nuestras oraciones.

UNA BUENA RELACIÓN

Ante todo, debemos tener una buena relación con Él. El salmista escribió: "Si en mi corazón hubiese yo mirado a la iniquidad, el Señor no me habría escuchado" (Sal 66: 18). Eso no quiere decir que cada vez que cometemos un error Dios dice: "Suban las ventanas y cierren todas las puertas, porque no hay más bendiciones para esa persona." Si así fuera, ninguno de nosotros recibiría nada jamás en esta vida.

Sin embargo, si nos entregamos a la iniquidad y obstinadamente optamos por hacer el mal, se cerrarán las ventanas del cielo y se interrumpirá la comunión con Dios. Eso no quiere decir que cada vez que tropecemos espiritualmente Dios se niegue a oír nuestras oraciones. Él comprende dónde estamos y los obstáculos a que nos enfrentamos. Pero Él no permite concesión alguna respecto al pecado conocido en nuestra vida.

Debemos poner nuestra mirada en Dios. Él debe ser nuestra meta en la vida. Debemos procurar vivir según los preceptos de su Palabra, y conforme a la dirección que Él nos dé.

EL MÉTODO CORRECTO

El método correcto responde a la pregunta de cómo vamos al Señor en oración. La clave es ser específico. Jesús dice que cualquier cosa que creamos que Él puede darnos será nuestra en realidad. "Por tanto, os digo que todo lo que pidiereis orando, creed que lo recibiréis, y os vendrá" (Mr 11:24). En otras palabras, cualquier cosa que seamos capaces de visualizar como nuestra mediante la fe, Dios la hará realidad.

Al orar no debemos ser como los que miran las vidrieras de las tiendas sin intención de comprar. "Señor, ayuda a todos los misioneros, y a mamá y a papá. Bendice a la iglesia ... " Orar así es como entrar en un restaurante y decirle a la mesera que queremos "comida y bebida". Cuando hacemos oraciones imprecisas eso muestra que las peticiones en realidad no tienen gran importancia para nosotros. Sin embargo, esperamos que Dios se entusiasme al máximo y haga algo.

¡Por supuesto que Dios sabe lo que estamos pensando! El problema es que la mayor parte del tiempo no tenemos en mente nada específico. Dios pudiera responder oraciones como esa y jamás nos enteraríamos. No sólo eso, sino que Él no recibiría gloria, y nosotros no recibiríamos bendición alguna al ver contestada la oración.

Cuando me llegó la hora de comprarle un auto a mi hija, le pregunté qué deseaba. Ella había estado orando y conocía el año exacto, el modelo, el color y el interior del auto que quería. Así que comenzamos a buscar. Yo le había enseñado a ser específica en sus oraciones, pero no tenía idea alguna de que ella sería tan específica. Sin considerar qué clase de automóvil viéramos o cuán bueno fuera el precio, ella se mantuvo aferrada a lo que originalmente le pidió a Dios. Eso continuó durante meses.

Entonces una noche mi hijo estaba hojeando los anuncios del periódico y encontró un auto precisamente como el que estaba buscando Becky. Era precisamente el color, la marca, el modelo y el año que quería. Fuimos a verlo aquella noche, y después de hablar con el propietario durante sólo algunos minutos, sabíamos que era el automóvil indicado. No requirió mucha oración saber si estábamos tomando la decisión correcta; ya se había orando todo lo necesario.

Dios nos anima a hacer oraciones específicas. Una vez que decimos algo, debemos aferrarnos a eso en nuestras oraciones; de otro modo mostramos falta de fe. El salmista no dice: "Él te concederá las *necesidades* de tu corazón." Sino más bien él escribe: "Él te concederá las *peticiones* de tu corazón" (Sal 37:4). Debemos comprender que lo importante no es aquello por lo que estamos pidiendo. Lo que importa es la actitud del corazón. Dios quiere bendecir a sus hijos, pero la relación y el método deben ser correctos.

LA PETICIÓN CORRECTA

El tercer aspecto de la oración que debemos comprender es cómo hacer la petición correcta. "Y esta es la confianza que tenemos en él, que si pedimos alguna cosa conforme a su voluntad, él nos oye" (1 J n 5: 14). Debemos pedir conforme a su voluntad. Pero ¿cómo sabemos si nuestra petición es conforme a su voluntad?

Ante todo debemos expresar nuestro deseo de lo que queremos de Él. A veces nos sentimos culpables por querer ciertas cosas, de modo que disimulamos nuestros deseos. Pero si hemos de conocer la voluntad de Dios sobre el asunto, debemos reconocer nuestros deseos. Luego debemos estar dispuestos a que Él nos lleve a una absoluta neutralidad, hasta el punto en que en realidad nos da igual que resulte de una u otra manera. La neutralidad significa que nosotros deseamos lo que Dios quiere más que lo que queremos nosotros. Eso pudiera requerir algún tiempo Y oración, pero es un paso fundamental al buscar la voluntad de Dios.

A veces tan pronto como nos volvemos neutrales acerca de algo, perdemos todo nuestro deseo por eso. Esa es una. de las maneras en que Dios nos revela su voluntad. En otras ocasiones, una vez que somos neutrales, Dios refrena nuestro espíritu en cuanto a la petición; simplemente ya no sentiremos paz al orar por eso. La neutralidad quita algo de la emoción ligada a la petición. Cuando nuestras emociones vuelven a concentrarse en el Señor al volverse neutrales, comienza a disiparse la niebla de la incertidumbre. Como resultado, podemos ver la dirección de Dios con más claridad.

LA FÓRMULA CORRECTA

Cuando oramos, casi todos añadimos "en el nombre de Jesucristo" al terminar nuestras oraciones. Para algunos es una costumbre, para otros se considera una frase mágica que asegura una respuesta. Leemos Juan 14: 14 y erróneamente decidimos que el único requisito para recibir respuesta a nuestras oraciones es decir "en el nombre de Jesucristo". Eso es un error, porque hay otro requisito: debemos permanecer en Él (J n 15: 7).

El orar en el nombre de Jesucristo es más que una frase que añadimos a la oración; es el carácter de la oración misma. Orar en el nombre de Jesucristo quiere decir que pedimos algo porque es típico de lo que Jesús pediría si Él estuviera en nuestras circunstancias. Quiere decir que la oración está en armonía con la naturaleza y el carácter de Cristo cuando Él vive por medio de nosotros. Como Él mora en nosotros, no sólo desea vivir a través de nosotros, sino también interceder por medio de nosotros.

Muchas veces hacemos lo que parecen peticiones mundanas. Pero son necesidades genuinas para nosotros, y Dios está dispuesto a satisfacerlas. El que sean necesidades espirituales o materiales no es tan importante para Él. Dios es nuestro Padre amoroso que se deleita en satisfacer todas nuestras necesidades. Pero antes que añadamos "en el nombre de Jesucristo" al final, debemos asegurarnos de que todo en la oración esté en armonía con el carácter de Él.

ACTITUDES CORRECTAS

En la Epístola de Santiago se describe la actitud que debemos tener cuando hacemos peticiones. Cuando acudimos a Dios y dudamos si estamos en su voluntad al hacer una petición, somos creyentes irresolutos. A menudo nos sentimos seguros en cuanto a hacer una petición, y entonces hablamos con los amigos y ellos nos dicen que estamos equivocados. Damos vueltas en la cama y nos preguntamos: ¿Debemos o no debemos? Santiago escribió acerca del creyente irresoluto: "No piense, pues, quien tal haga, que recibirá cosa alguna del Señor" (Stg 1: 7).

La duda y la oración no ligan. La duda se produce por confiar en los sentimientos y las opiniones de los demás. Un hombre cuya fe titubea en la oración es "hombre de doble ánimo" y es "inconstante en todos sus caminos" (v. 8). No es sólo inconstante en su vida de oración, sino en todos sus caminos. Nuestra fe en Dios determina nuestra trayectoria en la vida. Porque si vacila nuestra fe en Él, ¿en qué otra cosa pondremos nuestra confianza?

En el invierno de 1981 a nuestra iglesia se le presentó la oportunidad de comprar manzana y media de propiedad contigua a los edificios que ya teníamos. El precio de cierre era de dos millones ochocientos cincuenta mil dólares en efectivo. El banco estaba dispuesto a prestarnos el dinero al veintiún por ciento de interés. Pero yo no creía que Dios quería que nosotros pidiéramos dinero prestado. Él quería desarrollar nuestra fe.

En los doce meses anteriores, nuestra congregación había dado más de un millón de dólares para propiedad adicional y renovación. Dos semanas antes del plazo fijado teníamos sólo ciento veinticinco mil dólares más. Parecía imposible, sobre todo en vista de cuánto ya habían dado los hermanos.

Un domingo por la mañana prediqué un sermón basado en 2 Crónicas 29, que es el relato de la reacción de Israel ante la exhortación de David para proporcionar los fondos a fin de edificar el templo. Al terminar el primer culto matutino, un joven ofrendó su anillo de boda para el fondo. Era lo único de algún valor que tenían él y su esposa. A ellos los habían robado la semana anterior y habían perdido todo lo demás.

En el segundo culto, prediqué el mismo sermón y hablé del espíritu de sacrificio de la pareja. Al terminar el mensaje, invité a los presentes a aceptar la salvación o a unirse a los esfuerzos de nuestra congregación. Los hermanos se pusieron en fila frente al púlpito y en todos los pasillos. Dieron anillos de diamante, pulseras, pendientes, relojes, collares; prometieron automóviles, vehículos de remolque, acciones y bonos, etc. Antes del viernes siguiente teníamos un millón trescientos cincuenta mil dólares.

Cuando consideraba el dinero que me daban y cuánto más necesitábamos, mi fe se desplomaba. Pero cuando pasaba tiempo a solas con Dios en oración, siempre era el mismo mensaje: "Confía en mí."

Pronto vi una pauta que se repetía. Cuando yo trataba de explicarme cómo podríamos recaudar todo el dinero necesario, mi fe vacilaba. Pero siempre que aceptaba mi total desamparo, mi fe se remontaba como un águila.

Cuando subí al púlpito el domingo siguiente, sólo veinticuatro horas antes de terminar el plazo fijado, todavía necesitábamos un millón y medio de dólares más. Cuando contemplé el mar de rostros, todo parecía imposible. Pero sabía que tenía que hacerlo. Dios y yo habíamos resuelto eso el día antes.

Había pasado aquel sábado en oración luchando con mi débil y vacilante fe. Dios me habló con mucha claridad. Yo debía declarar públicamente que no pediríamos dinero prestado; debíamos confiar en que el Señor supliría para nuestras necesidades y probaría que es fiel. Él me señaló Isaías 50: 7-11 para un mensaje de estímulo y advertencia.

Cuando le conté ese desafío a la congregación, puse en claro que no pediríamos dinero prestado. "Debemos quemar todos los puentes e interrumpir todas las rutas de escape. Debemos poner nuestra fe en Él y sólo en Él", les dije.

Sostuve en el aire un cabello y lo corté con las tijeras como símbolo de cortar todas las vías de retirada. Cuando lo hice, algo le sucedió a la congregación. Se volvieron desprendidos. Para aquel domingo por la tarde habían dado un millón de dólares adicionales. Treinta minutos antes del plazo fijado teníamos nuestros dos millones ochocientos cincuenta mil dólares.

¿Cuál es entonces la actitud correcta? Jesús la resumió así: "Todo lo que pidiereis orando, creed que lo recibiréis, y os vendrá" (Mr 11 :24). La fe es la capacidad de visualizar lo que no es como si ya hubiera sucedido. Una vez que lo visualizamos, debemos actuar basados en lo que sabemos que sea cierto mediante la fe. No debe basarse nuestra fe en cómo nos sentimos o en qué nos dicen nuestros cinco sentidos, sino en lo que Dios dice en su Palabra. Los sentimientos y las circunstancias cambian, pero Dios nunca cambia. La actitud correcta es de fe.

MOTIVOS CORRECTOS

Por último, debemos tener motivos correctos. Cristo dijo: "Así alumbre vuestra luz delante de los hombres, para que vean vuestras buenas obras, y glorifiquen a vuestro Padre que está en los cielos" (Mt 5: 16). Nuestros motivos para todo lo que hagamos deben ser glorificar al Padre.

¿Puede dar gloria a Dios una oración por algo terrenal, que al parecer es una cosa material sin importancia? ¡Sí] Pero sólo si estamos dispuestos a hablar de la necesidad o del deseo que se satisface como un testimonio para otros de la fidelidad de Dios. De esa manera, Dios recibirá gloria por cualquier oración que Él responda.

Cuando los creyentes se enteran de que una petición específica ha recibido respuesta, su fe se fortalece. Lo que pedimos es en realidad insignificante comparado con la gloria que Dios recibirá. Cuando ponemos la mirada en la oración para darle gloria a Dios y no para obtener lo que pedimos, Dios se deleitará en responder nuestras oraciones.

Si queremos que nuestras oraciones conmuevan a Dios, debemos (1) comenzar con una buena relación con Él por medio de Jesucristo; (2) hacer peticiones específicas; (3) orar conforme a su voluntad para nosotros; (4) orar en el nombre de Jesucristo y en armonía con su carácter; (5) pedir con fe que esté basada en la Palabra de Dios, no en los sentimientos ni en las opiniones de los demás; (6) orar con los motivos correctos. Todo lo que hacemos, decimos y oramos debe ser para la gloria de Dios.

Si sus oraciones no están recibiendo respuesta, verifique esas seis condiciones. Es el deseo y la alegría de Dios responder sus oraciones. Le pido a Dios que usted se ponga en una posición que le permita a Él hacerlo así.

POR QUÉ NO RECIBEN RESPUESTAS NUESTRAS ORACIONES

Pero sin fe es imposible agradar a Dios;
porque es necesario que el que se acerca a
Dios crea que le hay, y que es galardonador
de los que le buscan.
Hebreos 11.6

Una tarde entró llorando en mi oficina una señora de nuestra iglesia porque su esposo quería divorciarse de ella. No podía entender lo que había impulsado su decisión, pero ella estaba dispuesta a hacer cualquier cosa que pudiera a fin de restaurar su matrimonio. Después que conversamos, ambos decidimos dedicarnos a la oración.

Frances fue ferviente en sus oraciones. Ayunó y oró con tal urgencia que muchos de sus amigos se unieron a su campaña de oración. Pronto todos ellos creían que el esposo de ella cambiaría de idea y que Dios restauraría el hogar de Frances.

Seis meses después, sin embargo, se concluyó el divorcio. Frances y su hijo de catorce años quedaron casi sin nada. Sin embargo, ella perseveró en oración, segura de que Dios ablandaría el corazón de su esposo. Una vez más, los hermanos de la iglesia se unieron a Frances en oración.

Entonces una mañana el esposo de Frances llamó y le contó sus planes de casarse con una mujer más joven. Eso devastó a Frances. Cuando ella entró en mi oficina aquella tarde, me miró con sus ojos hinchados y me preguntó: "Doctor Stanley, ¿por qué Dios no respondió mi oración?"

La pregunta de Frances es la misma que ha pasado por la mente de cada hijo de Dios que ha hecho oraciones al parecer ineficaces. Muchas personas no hacen caso de la oración no contestada. Pero en un caso como el de Frances, el sufrimiento era demasiado para no hacer caso. ¿Por qué Dios no respondió su oración?

Hay cosas que jamás sabremos en esta vida. Pero en cuanto al asunto de la oración no contestada, Dios no nos ha dejado a o.scuras. La oración no es para que sea un juego de azar. No somos esclavos que comen de las migajas de la mesa del Amo cuando Él opte por dejarlas caer en nuestra senda (Jn 15:15).

La oración es un hijo haciéndole una petición al Padre. Y tal como cualquier buen padre terrenal, nuestro Padre celestial está dispuesto a decirnos por qué no puede darnos determinadas co.sas que pedimos. Pero debemo.s pedir antes que Él nos diga por qué (Stg 4:2).

Dios sí responde todas las o.raciones. Él responde *sí, no o espera*. Veamos los ejemplos en que Dios dice que no. Todos le hemos pedido algo a Dios una que otra vez y no. hemos recibido lo que hemos pedido. Podemos presentar tantas excusas como deseemos, pero la verdad es que Dios no quiso hacer lo que le pedimos que hiciera.

Por lo general, cuando Dios responde una oración con un no, buscamos el pecado en nuestra vida. Algunas veces ese es el pro.blema, pero muchas veces no hay nada que confesar. Sin embargo, nuestras oraciones todavía son contestadas con un no. Enfoquemos primero esta pregunta: ¿Por qué Dios responde que no cuando en la medida de nuestro conocimiento estamos absolutamente limpios delante de Él?

DEBEMOS BUSCAR A DIOS

Dios quiere que lo busquemos más que cualquier otra cosa, incluso más que las respuestas a la oración. Cuando acudimos a Dios en oración, a veces nuestro corazón está tan lleno de lo que queremos que dejamos fuera a Dios. Nuestra mente se ocupa del don en vez de ocuparse del Dador.

Este es el problema fundamental con la mayoría de las oraciones. Toda otra razón que analicemos en cuanto a la oración no contestada de una u otra manera vuelve a relacionarse con ésta. Si no tenemos cuidado, Dios se vuelve un medio para un fin. Pero Dios desea ser el fin; es su deseo que lo busquemos a Él y sólo a Él.

Dios nos ha predestinado, conforme a su voluntad, para ser conformados a la imagen de su Hijo (Ro. 8:29). Ante los ojos de Dios, lo más importante es que experimentemos la vida de Cristo en la nuestra. Eso no significa necesariamente que Él vaya a darnos todo lo que pedimos. Por el contrario, Él sólo nos permitirá tener las cosas que están en armonía con su suprema voluntad.

Desafortunadamente para nosotros, olvidamos el panorama total en nuestras oraciones. Nosotros nos concentramos en nuestros inmediatos deseos y necesidades, y olvidamos lo que Dios está en definitiva tratando de hacer... conformarnos a su imagen (Col 3:10). Aun cuando nuestros pecados estén todos confesados, y nada sea un obstáculo de nuestra relación con el Padre, Él retendrá las respuestas a la oración si ve que necesitamos volver a enfocar nuestra atención en Él.

DEBEMOS CONFIAR EN ÉL

También Dios retiene las respuestas para enseñarnos a confiar en Él. Si Dios nos diera todo lo que quisiéramos cada vez que le pedimos algo, ¿qué sucedería? Dentro de poco lo daríamos por sentado. Como resultado, nos perderíamos una de las mayores bendiciones de Dios: aprender a confiar en Él.

El recibir algo al instante que lo pedimos no requiere fe alguna. Sin embargo, sin fe es imposible agradar a Dios (Heb 11:6). Él quiere saber si todavía creemos que Él cumplirá su palabra cuando no tenemos prueba tangible a que aferrarnos. Por lo general nos movemos de un lado a otro entre lo que dice la Palabra de Dios y lo que vemos y oímos. Pero Dios usa esa lucha para desarrollar nuestra fe (Stg 1:2, 3). Dejar de pedir y de creer es llamar a Dios mentiroso. Dejar de orar y de creer es darle más crédito a nuestra interpretación de una situación que a la omnipotente sabiduría de Dios.

Dios no retiene sus respuestas para burlarse de nosotros o para jugar con nuestras emociones. Al retener sus respuestas, Él nos enseña a persistir en la oración, a mantener nuestros ojos fijos en Él y a no hacer caso de nuestros sentimientos. Él desea que nosotros le creamos estrictamente por lo que Él dice en su Palabra, a pesar de lo que vemos. Cuando permitimos que Dios pruebe ser fiel una y otra vez, se vuelve más fácil confiar en Él.

ÉL NOS ESTÁ PREPARANDO

Otra razón de que Dios retenga la respuesta a la oración es porque Él está preparándonos. Muchos jóvenes oran pidiéndole al Señor que les envíe un cónyuge. Cuando ya se acercan a los treinta años muchos ponen en duda el interés de Dios en la situación de ellos, y dicen: "¿Por qué está esperando Dios?" Pudiera estar esperando hasta saber que ellos están preparados.

A medida que envejezco y al recordar algunos episodios de mi vida, me resulta obvio que si Dios hubiera respondido ciertas oraciones según el momento escogido por mí, yo habría perdido lo mejor de Él en cada caso. Mucho de aquello por lo cual oramos está en la voluntad de Dios, pero no en el tiempo que nosotros queremos.

Digamos, por ejemplo, que su hijo de cinco años quiere un cortaplumas y una linterna eléctrica. A usted no le importaría darle la linterna, pero él necesita crecer un poco antes que pueda darle el cortaplumas. De igual manera, Dios espera que nosotros crezcamos espiritualmente en algunos aspectos antes que pueda dejarnos experimentar todas las bendiciones espirituales y materiales que Él tiene reservadas para nosotros (1 P 1 :4).

A VECES DIOS TIENE ALGO MEJOR

Una cuarta razón para que Dios retenga las respuestas a nuestras oraciones es porque Él quiere darnos algo mejor de lo que pedimos. Pudiera ser más de lo que merecemos, más de lo que pedimos y más de lo que esperamos.

Un hermoso ejemplo de eso es la historia de Lázaro (Jn 11). Si Jesús hubiera sanado a Lázaro de inmediato, habríamos perdido uno de los mayores milagros de Jesús. Pero al parecer Jesús no hizo caso de los ruegos de María y de Marta de que sanara a su hermano. Tal como nos sucede a nosotros, ellas no entendían por qué esperaba Jesús. Pero ¿cuál es la mayor bendición? ¿Sanar a un hombre o resucitarlo de entre los muertos? Lo que al principio se interpretó como insensibilidad resultó ser una gloriosa experiencia para todos los que tuvieron que ver con el asunto.

En 1971 suspendimos el programa de televisión de nuestra iglesia debido al conflicto interno de la iglesia. Después que se resolvió el conflicto, le preguntamos a la misma cadena si pondría de nuestro programa en el mismo horario que nos habían dado antes. Pero se negaron incluso a vendernos espacio alguno.

Creíamos que Dios quería que estuviéramos en la televisión, pero por alguna razón las cosas no estaban saliendo bien. Así que le pedimos que una vez más nos permitiera comenzar un ministerio por televisión. Cuando comenzamos a orar, pensábamos que pronto alguna puerta se abriría. Pero pasó un año antes que algo sucediera.

Un año más tarde fuimos invitados por dos estaciones de televisión para que participáramos en su programación semanal. En vez de ser en blanco y negro como antes, nuestro programa era en colores. Una oportunidad llevó a otra hasta que hoy nuestro culto se trasmite vía satélite a toda la nación.

Dios no respondió nuestra oración de volver al aire por una razón. Él esperó y nos proporcionó algo mucho mejor de lo que habíamos pedido. Estas son cuatro razones para que Dios retenga una bendición o respuesta a la oración cuando la condición de nuestro corazón no es el factor decisivo. La perspectiva de Dios es más amplia que la nuestra; Él tiene en mente su propósito cabal para nuestra vida.

Sería bueno decir que esas son las únicas cuatro razones para que Dios no responda la oración pero hay más. Las siguientes siete razones indican aspectos de los que debemos ocuparnos antes que Dios responda nuestras oraciones, y en algunos casos antes que incluso oiga nuestras oraciones.

RELACIONES FAMILIARES

En primer lugar, las oraciones tienen estorbo cuando las relaciones hogareñas no andan bien (1 P 3:1-7). Piénselo. ¿Cómo podemos tener comunión con un amoroso Padre celestial que es perdonador y misericordioso, y al mismo tiempo tratar a nuestros familiares sin consideración alguna? Si permitimos que el resentimiento, la amargura y la indiferencia aumenten entre nosotros y nuestros familiares, entonces nuestras oraciones tendrán estorbo. La palabra estorbo en el versículo siete quiere decir un obstáculo puesto en el camino de alguien. Nuestros conflictos hogareños pudieran ser obstáculos insuperables para nuestras oraciones.

He oído historia tras historia de personas que recibieron respuestas a la oración después que arreglaron los problemas hogareños. Un buen amigo mío siempre estaba tratando de mantenerse a flote en su negocio. Habíamos orado juntos muchas veces para que Dios restaurara su negocio declinante. Pero sin importar cuánto tiempo o cuán fervientemente orábamos, las cosas no cambiaban.

Entonces un día me contó cómo el Señor lo había hecho darse cuenta de algunos aspectos de su matrimonio que él se había negado a resolver. Eran problemas que él sabía que existían, pero sobre los cuales no había hecho nada. Cuando resolvió esos problemas, Dios renovó la relación del hombre con su esposa. Además, su negocio hizo un giro total. Pronto las cosas estuvieron económicamente mejor que nunca antes. Pero más importante fue que su hogar, que había sido un lugar de constante conflicto, se convirtió en un remanso de paz.

Los conflictos horizontales no resueltos contribuyen a los conflictos verticales no resueltos. Mientras las cosas no estén arregladas entre nosotros y nuestros familiares, no pueden andar bien las cosas entre nosotros y Dios. Si Dios responde nuestras oraciones mientras estamos separados de la comunión con otros creyentes, hasta cierto punto estaría tolerando nuestras desobediencia. Pero Dios nunca tolerará ni pasará por alto el pecado, porque Él aborrece el pecado. Nuestra desobediencia se opone directamente a lo que en definitiva El quiere realizar en nuestra vida. Por lo tanto, hay que resolver esos conflictos. "Así que, ¿qué hace Dios? Él cierra la puerta del cielo y la pone bajo llave hasta que arreglemos nuestras relaciones familiares.

Alguien pudiera decir: "He tenido conflictos sin resolver con mi familia durante mucho tiempo y Dios ha respondido mis oraciones." Eso pareciera ser cierto; sin embargo, según las Escrituras, Dios no oirá las oraciones de esa persona. Olvidamos que las otras personas también están orando, y no sólo eso sino que Dios pudiera estar mostrándoles misericordia a otros de nuestros familiares mientras El espera que nosotros arreglemos el problema. Sin que importe lo que pensemos que está ocurriendo, Dios no responderá nuestras oraciones si tenemos conflictos familiares no resueltos.

Yo no puedo irme a casa el domingo y gritarle a mi esposa porque se le quemó el pollo y luego esperar que Dios me oiga cuando yo pida que bendiga los alimentos. Eso es hipocresía. La iglesia está tan débil porque hay muy poca devoción. Los creyentes todavía le hablan a Dios, pero Dios no escucha. Cuando hay dificultades y aflicciones en el hogar, debemos confesarnos unos a otros allí mismo; debemos pedir perdón cuando sea necesario. Si abrigamos iniquidad en nuestro corazón - amargura, actitudes erróneas o un espíritu ingrato -, se cerrará el cielo a nuestras oraciones.

Jesús dijo: "Porque si perdonáis a los hombres sus ofensas, os perdonará también a vosotros vuestro Padre celestial; mas si no perdonáis a los hombres sus ofensas, tampoco vuestro Padre os perdonará vuestras ofensas" (Mt 6:14,15). Si no tenemos un espíritu perdonador hacia alguien, eso en sí es un pecado. Por lo tanto, si confesamos nuestros pecados y todavía nos negamos a perdonar a nuestro hermano o a nuestra hermana, entonces no nos hemos arrepentido de tener un espíritu implacable. Eso será un estorbo a nuestras oraciones.

Durante años las personas se aferrarán a la amargura y al odio no confesados hacia un miembro de la familia. Se enojan con Dios por no contestar sus oraciones, mientras que siempre ellas son el problema, no Dios. Muchas personas como esas finalmente se amargan contra la iglesia y abandonan el cristianismo por completo. El problema está en nuestra perspectiva. No vemos las constantes querellas y desavenencias familiares como pecado; pero Dios sí.

¿Por qué Dios permitiría que cosas al parecer pequeñas estorbaran nuestras oraciones? Incluso el pecado más insignificante es un obstáculo a lo que Dios tiene reservado para nosotros. No podemos abrigar amargura, resentimiento y crítica, y esperar que Dios responda nuestras oraciones. Él no lo hará. Él no está interesado en lo más mínimo en nuestras oraciones cuando abrigamos pecado en nuestra vida, salvo en nuestras oraciones de arrepentimiento. Debemos arreglar las cosas horizontalmente antes que podamos tener gran impacto verticalmente.

DEBEMOS VIGILAR NUESTROS MOTIVOS

Otra razón por la que Dios no responde nuestras oraciones es a causa de nuestros motivos incorrectos. "Pedís, Y no recibís, porque pedís mal, para gastar en vuestros deleites" (Stg 4:3). En otras palabras, a menudo estamos más interesados en nuestros deseos que en glorificar a Dios. Cristo dijo que su obra era glorificar al Padre (Jn 17:4). Esa debe ser también nuestra obra. Debemos aprender a orar de una manera que dé más gloria a Dios que a nosotros mismos. Debemos orar con un espíritu de gratitud, acción de gracias y alabanza. Debemos mostrar nuestro agradecimiento por las muchas bendiciones que con tanta fidelidad Él nos ha dado. Él nos ha bendecido, no porque lo merezcamos, sino porque nos ama. Al mismo tiempo debemos dedicarnos a ser buenos mayordomos de todo lo que Él nos dé, incluso de las oportunidades que se nos presenten.

Todo comienza con la perspectiva de Dios; debemos contemplar el panorama total. Cualquier otra perspectiva finalmente centrará nuestras oraciones alrededor de nosotros mismos.

Una manera de mantener vigilados nuestros motivos es detenernos después de algunos minutos de oración y preguntarnos: *¿Cómo comencé esta oración? ¿Acaso comencé pidiendo? ¿O comencé alabando al Señor y mostrando mi gratitud por lo que ya ha hecho por mí?* Debemos ser sinceros con nosotros mismos y vigilar nuestros motivos con relación a cada petición que hacemos.

DEBEMOS TENER UNA FE QUE NO VACILE

Ya hemos analizado el hecho de que a veces Dios espera enseñarnos a confiar en Él. Pero muchas veces Dios no puede respondernos debido a nuestra falta de fe. Todos tenemos alguna medida de fe, pero muchas veces acudimos a Dios con una fe vacilante.

Santiago dice, con relación a la oración: "Pero pida con fe, no dudando nada; porque el que duda es semejante a la onda del mar, que es arrastrada por el viento y echada de una parte a otra. No piense, pues, quien tal haga, que recibirá cosa alguna del Señor" (Stg1:6, 7).

Pudiéramos tener alguna aprensión inicial en cuanto a ciertas peticiones. Pero debe cesar la indecisión cuando Dios confirma su aprobación mediante su Palabra. Dios usa esa vacilación inicial para probar y aumentar nuestra fe. Pero Él nunca se propuso que ese fuera el estado normal de la oración. La fe vacilante no es la fe a la que Dios responde.

CONCENTRÁNDONOS EN SU PALABRA

No debemos mirar lo que está sucediendo, sino que debemos mirar su Palabra. La Biblia es el ancla de nuestra fe. Sin importar qué tipo de tempestad aparezca en nuestro camino, a pesar de nuestras circunstancias, debemos mantenernos mirando su Palabra. Él quiere que nuestras oraciones se centren en Dios, en Cristo y en el Espíritu; no en las cosas, ni en las pruebas ni en las circunstancias. Porque si nuestras oraciones están centradas en cualquier otra cosa que no sea en el Señor, titubeará nuestra fe. ¿Por qué? Porque Él es el único firme e inconmovible fundamento sobre el cual basar cualquier cosa, especialmente nuestras oraciones.

Todos tenemos alguna medida de fe. A menudo miramos a otros y envidiamos su fe, pensando que nuestras oraciones serían contestadas sin más demora si tuviéramos esa fe. Eso pudiera ser cierto, pero no debemos olvidar que Dios está desarrollando nuestra fe. Cada oración es una oportunidad para crecer. Debemos aprender a orar por las cosas con nuestra mirada y nuestro corazón llenos de Dios. Entonces debemos aprender a esperar, haciendo caso omiso de lo que veamos y sintamos, hasta que Dios nos indique otra cosa.

EL EGOÍSMO ESTORBA NUESTRAS ORACIONES

La siguiente razón de que Dios no responda nuestras oraciones es porque somos tacaños. "El que cierra su oído al clamor del pobre, también él clamará, y no será oído" (Pr 21: 13). Si nos negamos a escuchar a alguien que tiene necesidad, ¿podemos esperar que Dios escuche nuestras oraciones y satisfaga nuestras necesidades? Eso sería una absoluta contradicción de todo el mensaje de Cristo. No podemos hacer oídos sordos a alguien que esté necesitado porque no tenemos tiempo o no queremos que se nos moleste, y luego esperar que Dios nos bendiga. Él no obra de esa manera.

Por ejemplo, ¿puede una persona que se niega a diezmar y a dar a los pobres o a los misioneros esperar que Dios lo bendiga económicamente? Eso es hipocresía. Bendecir a un hombre así sería estimularlo a vivir en completa oposición al propósito de Dios. Y además, cualquiera que afirma ser cristiano y afirma que Dios está satisfaciendo todas sus necesidades, y sin embargo no diezma es un mentiroso. Dios usa tanto nuestras necesidades como sus bendiciones para enseñarnos a confiar en Él. Pero cuando nos volvemos tacaños con las bendiciones de Dios, ellas se detienen. Cuando hacemos oídos sordos a las necesidades conocidas, nuestras oraciones de ningún modo moverán a Dios a acción alguna en favor de nosotros. De gracia hemos recibido; de gracia debemos dar.

INDIFERENCIA A LA PALABRA DE DIOS

Dios no responderá nuestras oraciones si somos indiferentes a su Palabra. "El que aparta su oído para no oír la ley, su oración también es abominación" (Pr 28:9). Dios quiere que nuestra alma se quebrante con un deseo de su Palabra, como dice el salmista (Sal 119:20). Debemos buscar constantemente las más profundas verdades de las Escrituras. No se nos dejó aquí para ser alimentados como bebitos espirituales toda la vida. Dios envió al Espíritu Santo a cada uno de nosotros para que comprendamos por nosotros mismos lo que Dios dice mediante su Palabra.

Muchos cristianos han vuelto las espaldas a la Palabra de Dios, ya sea por falta de entendimiento o por falta de convicción. Otros no se oponen a oír la Palabra de Dios, pero no hacen ningún intento por comprenderla ni aplicarla a la vida de ellos. Dios detesta las oraciones de un hombre que no se deleita en su Palabra. Cuando vivimos con una Biblia cerrada vivimos con un cielo cerrado. Dios no responderá nuestras oraciones.

EL PECADO NO CONFESADO

La última razón de que Dios no responda la oración es el pecado no confesado. Debe estar bien claro que el pecado no confesado pone trabas a la oración. Isaías escribió: "He aquí que no se ha acortado la mano de Jehová para salvar, ni se ha agravado su oído para oír; pero vuestras iniquidades han hecho división entre vosotros y vuestro Dios} y vuestros pecados han hecho ocultar de vosotros su rostro para no oír" (Is 59:1, 2). No es que Dios no pueda oír, sino que El no oirá. Nuestro pecado no confesado hace que Dios vuelva las espaldas a nuestras oraciones y se niegue a escuchar. Dios no meterá una pata de cabra espiritual en nuestra vida para abrirnos; El sólo esperará.

Podemos orar y orar, pero Dios no moverá un dedo hasta que confesemos nuestro pecado. El quiere que voluntariamente abramos nuestro corazón y le permitamos que nos limpie. Si vamos a orar, no debemos perder nuestro tiempo si Dios no está escuchando. Y además, ¿qué pecado vale más para nosotros que una relación con Dios? Nada es más valioso que la comunión de dos vías sin obstáculos con Él. En realidad, Él desea eso para nosotros más de lo que lo deseamos nosotros mismos.

Ahora es el momento de llevar cada oración no contestada al Señor y preguntarle por qué no está respondiendo. Él pudiera señalar algún pecado en la vida de usted, o pudiera volver a enfocar la atención de usted en el rostro de El. Cualquiera que sea la situación, no siga presentándole excusas a Dios con relación a sus oraciones no contestadas. En cada situación Él está procurando con formarlo a usted a la imagen de su Hijo. Cuando usted tiene eso presente, orará más en conformidad con la voluntad de Dios, y verá más oraciones contestadas.

CÓMO ORAR CONFORME A LA VOLUNTAD DE DIOS

y esta es la confianza que tenemos en él,
que si pedimos alguna cosa conforme a su
voluntad, él nos oye. Y si sabemos que él nos
oye en cualquiera cosa que pidamos, sabemos
que tenemos las peticiones que le hayamos
hecho.
1 Juan 5.14-15

Cómo puedo saber que mi petición de oración está en armoma con la voluntad de Dios? ¿Cómo sabré que mi petición es agradable al Padre? ¿Puedo estar seguro de que es correcto lo que estoy pidiendo?

Esas son algunas de las más válidas y frecuentes preguntas que se hacen en cuanto a la oración. ¿Qué es más desalentador que orar cuando no se está seguro de que la petición es compatible con el plan de Dios?

Por otra parte, ¿qué motivo mayor para orar podemos tener que acercarnos al Padre con la firme seguridad de que nuestra petición tiene su aprobación divina?

No hay que examinar algunas peticiones de oración para saber si están de acuerdo con la voluntad de Dios, porque la Biblia es inequívocamente clara acerca de algunas cosas. Jamás tenemos que orar: "Señor, libra a mi papá de su vida de pecado si es tu voluntad." Jesús dijo: "El Hijo del Hombre vino a buscar y a salvar lo que se había perdido" (Lc 19: 10). Dios "es paciente para con nosotros, no queriendo que ninguno perezca, sino que todos procedan al arrepentimiento" (2 P 3:9).

Cada vez que la Biblia es específica y clara en sus promesas, podemos orar con seguridad. Nadie tiene que orar: "Señor, ayúdame a Ser perdonador con quienes me han: hecho mal, si es tu voluntad." Nuestro Señor pone muy en claro lo que debe ser nuestra actitud hacia quienes nos hacen mal. "Antes sed benignos unos con otros, misericordiosos, perdonándoos unos a otros, como Dios también os perdonó a vosotros en Cristo" (Ef 4:32).

No siempre tenemos una dirección tan específica en cuanto a nuestras peticiones. Sin embargo, Él nos guiará en nuestras oraciones para que pidamos conforme a su voluntad.

Jesús dijo: "Pedid, y se os dará, buscad y hallaréis, llamad y se os abrirá" (Mt 7:7). Indicó así su deseo de satisfacer nuestras necesidades. Pablo escribió que por nada debemos estar "afanosos, sino sean conocidas [nuestras] peticiones delante de Dios en toda oración y ruego, con acción de gracias" (Fil4:6). El pasaje de 1 Juan 5:14, 15 nos revela la misma verdad: Dios quiere que le pidamos que atienda nuestras necesidades.

Al principio parece muy sencillo. Lo único que tenemos que hacer es pedir, y Dios pone manos a la obra para responder nuestras oraciones. Pero en realidad hay más que eso. Dios pone condiciones a sus promesas. Pero esas condiciones son para nuestro bien; no son excusas para que Dios no responda nuestras oraciones. "Y esta es la confianza que tenemos en él, que si pedimos alguna cosa conforme a su voluntad, él nos oye" (1 Jn 5: 14). Esa es la condición: que pidamos conforme a su voluntad. Pero ¿cómo sabemos si estamos orando conforme a la voluntad de Dios?

DISPAROS A CIEGAS

A veces todos sentimos que nuestras oraciones son disparos a ciegas. Sentimos como si una petición especial es correcta en ese momento; sin embargo, al no ver una respuesta inmediata, nos preguntamos en primer lugar si fue alguna vez la voluntad de Dios. Nuestra fe se debilita en vez de fortalecerse porque nunca tenemos seguridad alguna de aquello por lo cual estamos orando. De modo que disparamos a ciegas y esperamos que Dios esté de acuerdo y que responda de manera favorable.

Esa no es la manera en que Dios quiere que sus hijos oren. ¿Qué bien nos haría orar si no tenemos indicio alguno de aquello por lo cual debemos orar? Eso sería una pérdida de tiempo para Él y para nosotros. Pero su Palabra nos da clara dirección sobre cómo buscar su voluntad en oración.

UNA TRIPLE PROMESA

Dios nos hace una triple promesa en 1 Juan 5:14, 15. En primer lugar, promete oír si oramos conforme a su voluntad. En segundo lugar, promete que ya tenemos lo que hemos pedido. En tercer lugar, promete que *sabemos* que tenemos las peticiones que hayamos hecho. De modo que cuando oramos conforme a su voluntad, Él nos oye, tenemos lo que pedimos, y *sabemos* lo que tenemos que pedir.

La palabra *confianza* en el versículo catorce significa seguridad o certidumbre. Se empleaba esa palabra entre los griegos como un término político y se refería a la libertad para hablar públicamente. Así que como hijos de Dios, podemos acudir a Él francamente y presentar nuestras peticiones con toda confianza. En el contexto del pasaje, el verbo pedir indica la idea de hacer una petición personal.

Tenemos que olvidarnos del concepto de que no debemos pedir nada para nosotros mismos. Eso no es lo que enseñan las Escrituras. Esos dos versículos tratan sobre nuestra capacidad para acercarnos a Dios franca, espontánea y confiadamente con la seguridad de que Él oirá y nos concederá lo que pedimos.Como resultado, sabemos que tendremos lo que pedimos.

Volvamos al asunto de orar conforme a la voluntad de Dios. Decimos: "Oh, esa es la dificultad." Y en cierto sentido es una dificultad, ya que muchas oraciones sinceras y bien intencionadas han quedado sin respuesta como resultado de nuestra oración fuera de la voluntad de Dios. ¿Podemos conocer siempre la voluntad de Dios en nuestras oraciones? Sí, aunque no siempre al principio. A veces cuando acudimos a Dios, estamos a oscuras; no sabemos qué pedir. De modo que al principio no conocemos su voluntad. Pero si podemos entender y aplicar ciertos principios, finalmente podemos conocer la voluntad de Dios cuando oramos.

OBSTÁCULOS

Satanás pone tres obstáculos en nuestro camino para impedirnos que busquemos la voluntad de Dios cuando oramos. El dice: "¿Cómo puedes hacer una petición con fe cuando no sabes si Dios está de acuerdo contigo? Y si no estás seguro de que Dios esté de acuerdo con tus oraciones, ¿por qué pierdes tu tiempo orando después de todo?"

Sin embargo, si decidimos orar de todos modos, Satanás se burla de nosotros y nos dice: "Recuerda tu pasado. No tienes derecho alguno de pedirle nada a Dios. Dios no va a escucharte." En ese punto, asociamos nuestra dignidad con que si nuestra petición está o no de acuerdo con la voluntad de Dios. A s í que dejamos de orar o le pegamos una coletilla al final de la oración: "Si es tu voluntad."

Si terminamos todas nuestras oraciones con "si es tu voluntad", ¿qué tenemos? ¡Incertidumbre! No tenemos ninguna seguridad de una respuesta. Eso nos lleva al pasaje en la Epístola de Santiago que dice: "Cuando no sabéis lo que será mañana. Porque ¿qué es vuestra vida? Ciertamente es neblina que se aparece por un poco de tiempo, y luego se desvanece. En lugar de lo cual deberíais decir: Si el Señor quiere, viviremos y haremos esto o aquello" (Stg 4:14, 15). Ese pasaje no se refiere a la oración, sino a la presunción al planear para el futuro.

Para algunas personas, Mateo 26:39 es la razón de que sus oraciones terminen con esa frasecita. Allí Jesús estaba orando en el huerto de Getsemaní. Algunos dicen: "Jesús no estaba seguro si tenía que morir en la cruz, de modo que sencillamente dejó que el Padre tomara la decisión." Pero eso no es lo que sucedió. La copa no simbolizaba la cruz. Jesús sabía que tenía que morir. En Mateo 16:21 incluso habló de su muerte. Así que ¿a qué copa se refirió El?

Aunque nuestra mente no puede comprenderlo, nunca hubo ningún tiempo en que Jesucristo no estuviera vivo. Cuando vino a la tierra, era Dios; el mismo Dios que siempre ha sido, aun antes de la creación del universo. En la tierra Jesús se hizo hombre, pero siguió siendo Dios desde todo punto de vista. Cuando fue al huerto, no tenía miedo de morir; la copa a la cual se refirió no era la muerte sino algo mucho peor para El. Jesús sabía que El tendría que llevar los pecados de todo el mundo sobre sí mismo. Estaba luchando con la próxima separación de su Padre.

Las Escrituras muestran que Jesús no estaba dudando entre si obedecer o no a su Padre. El asunto era si había otro modo de expiar el pecado del hombre además de la separación del Padre. Es imposible que concibamos la intimidad que Jesucristo tiene con el Padre. De igual manera es imposible que nosotros entendamos lo que El sintió en aquellos momentos en que sabía que sería desterrado de la presencia del Padre. Pero incluso en aquella intensa lucha,

Cristo estaba sometido a la obediencia: "No sea como yo quiero, sino como tú" (Mt 26:39). Incluso en aquellas horas de lucha Él sabía exactamente cuál era la voluntad de Dios. Dios nunca dejó que dudara su Hijo, y de igual manera nunca nos dejará dudar a nosotros cuando estamos sinceramente buscando su voluntad.

A veces pedimos una prueba cuando no estamos seguros de la voluntad de Dios. Hasta cierto punto, hacemos un trato con Dios. Decimos: "Si sucede esto, entonces haré 'A'. Pero si sucede lo otro, entonces haré 'B'." Buscar la voluntad de Dios de esa manera es indicio de inmadurez. Esa clase de razonamiento no le da posibilidad a la fe genuina y nunca tuvo el propósito de ser la manera normal de descubrir la voluntad de Dios. Entonces, ¿qué debemos hacer cuando no estamos seguros de cómo orar?

Pablo oraba por los creyentes de Colosas para que fueran "llenos del conocimiento de su voluntad en toda sabiduría e inteligencia espiritual" (Col 1 :9). Santiago escribió: "Y si alguno de vosotros tiene falta de sabiduría, pídala a Dios, el cual da a todos abundantemente y sin reproche, y le será dada" (Stg 1 :5). ¿Qué es sabiduría? Es ver las cosas desde la perspectiva de Dios. Cuando no sabemos lo que Dios piensa de nuestras peticiones, tenemos el derecho a preguntarle.

Pablo escribió: "Y de igual manera el Espíritu nos ayuda en nuestra debilidad; pues qué hemos de pedir como conviene, no lo sabemos, pero el Espíritu mismo intercede por nosotros con gemidos indecibles" (Ro 8:26). La palabra debilidad se refiere a debilidad espiritual, a nuestra incapacidad de orar desde la perspectiva de Dios. En otras palabras, el Espíritu orará por medio de nosotros cuando no sepamos por qué orar, y al mismo tiempo nos dará entendimiento. Así que cuando oramos sin saber por qué, no estamos perdiendo el tiempo como quisiera hacernos creer Satanás. Por el contrario, Dios está aceptando nuestras oraciones.

A medida que sigamos orando, Dios nos revelará su voluntad. Jesús prometió: "Pero cuando venga el Espíritu de verdad, él os guiará a toda la verdad" (J n 16: 13). Parte de la tarea del Espíritu Santo es guiarnos a la verdad de cómo debemos orar. Pero lo puede hacer sólo si estamos orando. Es indispensable que tengamos un deseo de orar conforme a su voluntad; esa es la actitud que Dios acepta.

CÓMO COMENZAR

Así que suponiendo que no hay pecado en nuestra vida y que en realidad queremos conocer la voluntad de Dios en nuestra oración, ¿cómo debemos comenzar? En primer lugar, debemos decir si le estamos pidiendo a Dios que nos dé algo que deseamos, algo que necesitamos o alguna dirección en un asunto. En segundo lugar, debemos pedirle a Dios que nos dé un pasaje bíblico que se relacione de algún modo con nuestra petición, un pasaje en el que podemos meditar y mediante el cual Dios puede hablarnos.

La mayoría de los cristianos pasan por alto el lugar de las Escrituras en la oración. Pero cuanto más saturemos nuestra mente con las Escrituras, tanto más nos familiarizaremos con el método de Dios. Entonces será más fácil para nosotros distinguir su voluntad de nuestros pensamientos. Dios desea que lo conozcamos a Él más de lo que Él desea responder nuestras oraciones. Dios quiere usar cada oración como un medio para familiarizarnos con sus métodos, sus pensamientos y sus deseos. Si prescindimos de su Palabra en nuestra vida de oración, perdemos la suprema bendiCión de la oración: conocer a Dios. Pídale a Dios que le dé una promesa bíblica especial que trate sobre la petición de usted. Haga de eso el ancla de su fe en esa esfera. Aférrese a ese versículo a pesar de lo que sucede o de lo que usted sienta. Viva según él, ore de acuerdo con él y niéguese a rendirse hasta que tenga lo que Dios haya prometido.

Como Dios quiere que conozcamos su voluntad en nuestras oraciones, y como sabemos que si oramos conforme a su voluntad ya tenemos lo que hemos pedido, el siguiente paso es comenzar a darle gracias. No hay necesidad de que nos mantengamos pidiéndole que haga lo que ya le hemos pedido una vez. De igual manera, no hay necesidad de suplicarle que haga lo que ya ha prometido hacer. Por el contrario, debemos darle gracias por eso. Debemos darle gracias por la sabiduría que vamos a experimentar en nuestras oraciones. Debemos darle gracias por concedernos nuestras peticiones, satisfacer nuestras necesidades y darnos dirección.

Luego debemos esperar. Seguir pidiendo mostrará falta de fe. Es en este punto, sin embargo, que se probará al máximo nuestra fe. Quisiéramos añadir "si es tu voluntad" a nuestras oraciones, por si acaso no comprendimos bien. Por eso es tan importante que basemos nuestras oraciones en la Biblia. Ella nos da una fuente de esperanza. La Palabra de Dios es la verdad inmutable. Es en el protegido puerto de su Palabra que llevamos a reposar nuestra fe.

Cuando acudamos a Dios, en vez de pedir: "Señor, te ruego que hagas esto o aquello", pidámosle que nos enseñe a orar. Pidámosle al Espíritu Santo que ore por medio de nosotros del principio al fin. Entonces podemos estar seguros de orar conforme a su voluntad. Oraremos por cosas en las que nunca habríamos pensado orar en otras circunstancias.

Cuando oremos, Dios nos revelará un aspecto de la oración que nunca hemos visto. Cuando nuestro corazón está limpio y nos hemos dedicado a obedecerle, y todavía no tenemos una clave en cuanto a lo que debemos pedir, Dios asume la responsabilidad de revelárnoslo. Él pudiera usar las Escrituras o usar las circunstancias. Si nuestra petición no está en armonía con su voluntad, Él volverá nuestra atención a Él y nosotros perderemos interés en lo que estábamos pidiendo. Sin considerar cómo Él se nos revele, debemos creer que Él lo hará.

A menudo tendremos que esperar. Pero es durante esos tiempos de espera que comenzamos de veras a conocer a Dios. Cuando buscamos la voluntad de Dios en nuestras oraciones, Él la confirma al llenar nuestro corazón de la paz del Espíritu Santo. "Por nada estéis afanosos, sino sean conocidas vuestras peticiones delante de Dios en toda oración Y ruego, con acción de gracias. y la paz de Dios, que sobrepasa todo entendimiento, guardará vuestros corazones y vuestros pensamientos en Cristo Jesús" (Fil 4:6, 7). Podemos saber sin duda que estamos de acuerdo con Él en nuestras oraciones. Cuando eso ocurre, podemos orar con la seguridad de que Cristo está orando con nosotros con el mismo propósito. La paz en nuestro corazón es el sello de aprobación de Dios en nuestras oraciones.

Dios desea darnos dirección en nuestras oraciones. Él ha prometido eso en su Palabra. Nuestra responsabilidad es buscar su dirección a través de la Biblia. Una vez que hayamos encontrado su promesa para nosotros, debemos aferrarnos a ella y esperar mientras le damos gracias a Dios por lo que ya es nuestro. Porque "si Dios es por nosotros" (Ro 8:31) en nuestras oraciones, ¿quien o qué puede combatirnos?

TIEMPO DE ESPERAR
Y TIEMPO DE ACTUAR

*Pero los hijos de Israel cometieron una prevaricación en
cuanto al anatema; porque Acán hijo de Carmi, hijo de
Zabdi, hijo de Zera, de la tribu de Judá, tomó del anatema;
y la ira de Jehová se encendió contra los hijos de Israel.
Después Josué envió hombres desde Jericó a Hai, que
estaba junto a Bet-avén hacia el oriente de Bet-el; y les
habló diciendo: Subid y reconoced la tierra. Y ellos subieron
y reconocieron a Hai. Y volviendo a Josué, le dijeron: No
suba todo el pueblo, sino suban como dos mil o tres mil
hombres, y tomarán a Hai; no fatigues a todo el pueblo
yendo allí, porque son pocos. Y subieron allá del pueblo
como tres mil hombres, los cuales huyeron delante de los
de Hai. Y los de Hai mataron de ellos a unos treinta y seis
hombres, y los siguieron desde la puerta hasta Sebarim, y
los derrotaron en la bajada; por lo cual el corazón del pueblo
desfalleció y vino a ser como agua. Entonces Josué rompió
sus vestidos, y se postró en tierra sobre su rostro delante
del arca de Jehová hasta caer la tarde, él y los ancianos
de Israel; y echaron polvo sobre sus cabezas. Y Josué dijo:
¡Ah, Señor Jehová! ¿Por qué hiciste pasar a este pueblo el
Jordán, para entregarnos en las manos de los amorreos,
para que nos destruyan? ¡Ojalá nos hubiéramos quedado
al otro lado del Jordán! ¡Ay, Señor! ¿qué diré, ya que Israel
ha vuelto la espalda delante de sus enemigos? Porque los
cananeos y todos los moradores de la tierra oirán, y nos
rodearán, y borrarán nuestro nombre de sobre la tierra; y
entonces, ¿qué harás tú a tu grande nombre? y Jehová dijo
a Josué: Levántate; ¿por qué te postras así sobre tu rostro?
Israel ha pecado, y aun han quebrantado mi pacto que yo
les mandé; y también han tomado del anatema, y hasta
han hurtado, han mentido, y aun lo han guardado entre sus
enseres. Por esto los hijos de Israel no podrán hacer frente
a sus enemigos, sino que delante de sus enemigos volverán
la espalda, por cuanto han venido a ser anatema; ni estaré
más con vosotros, si no destruyereis el anatema de en medio*

de vosotros. Levántate, santifica al pueblo, y di: Santificaos
para mañana; porque Jehová el Dios de Israel dice así:
Anatema hay en medio de ti, Israel; no podrás hacer frente
a tus enemigos} hasta que hayáis quitado el anatema de en
medio de vosotros. Josué 7.1-13

Imagínese por un instante que usted ha perdido su empleo. Sabe que Dios lo permitió por alguna razón, pero no está seguro de cuál sea esa razón. Usted sabe que Él quiere enseñarle algo, pero ¿cuál es el paso siguiente? ¿Debiera simplemente sentarse y no hacer nada, esperando que Dios actúe? ¿O debiera salir y buscar otro trabajo?

A veces Dios quiere que esperemos. Pero algunas veces, cuando surge una situación, Dios nos llama a hacer algo. El pasaje del libro de Josué es un ejemplo.

ANTECEDENTES

El pueblo de Israel cruzó el río Jordán y llegó frente a la fortificada ciudad de Jericó (J osué 6). Dios le dijo a Josué dos cosas. Ante todo, le prometió que Jericó caería en manos de la nación de Israel. Luego Dios reveló la estrategia militar que Josué debía emplear. Humanamente hablando, eso parecía ser la estrategia más ingenua y ridícula que algún comandante militar pudiera planear. ¿Quién oyó alguna vez que se conquistara a un enemigo marchando alrededor de su ciudad una vez al día durante siete días, y luego el séptimo día marchando alrededor de ella siete veces, tocando trompetas y gritando? Pero dio resultado. La estrategia era de Dios.

Cuando Dios da direcciones, éstas son precisas y detalladas. Él no nos da órdenes y nos deja que las resolvamos solos. Él le dio a J osué instrucciones explícitas en cuanto a cómo debía tomarse Jericó. Le dijo cuándo marchar, cuántas veces los soldados debían rodear la ciudad, cuándo gritar y cuándo estar callados. Dios sabía que si Él les permitía hablar, problablemente hubieran murmurado contra Josué por su nada ortodoxa estrategia. Por eso Dios le dijo específicamente a Josué que los mantuviera callados.

Como resultado de su obediencia, la nación de Israel tuvo una tremenda victoria. Todos estaban alabando al Señor y gritando "gloria" por lo que Dios había hecho. Así que Josué, teniendo en cuenta aquella aplastante victoria, envió espías a la siguiente ciudad que iban a tomar. Volvieron los espías, seguros de que la conquista de Hai sería una cosa fácil. Le dijeron a Josué que sólo se necesitarían un par de millares de hombres para tomar la ciudad. ¿y por qué no? Después de todo, miren lo que habían hecho en Jericó. La verdad es que ellos no hicieron nada en Jericó; todo lo hizo Dios.

Debido a su victoria anterior, los israelitas se volvieron demasiado confiados y orgullosos. Ya no sintieron más la necesidad de esperar la dirección de Dios. La confianza excesiva es una trampa satánica, y por eso cayeron.

El desastre los golpeó en Hai porque Josué no estuvo atento a la promesa y la estrategia de Dios; en vez de eso escuchó a sus propios compañeros. Los soldados de Hai salieron precipitadamente de la ciudad e hicieron huir a los israelitas, matando a treinta y seis hombres. Los israelitas se retiraron desanimados y desilusionados. "El corazón del pueblo desfalleció y vino a ser como agua" (Josué 7:5). Tan sobrecogidos estaban por el miedo que se descorazonaron para la batalla.

LA ORACIÓN DE JOSUÉ

De modo que encontramos a Josué clamando delante de Dios. "Entonces Josué rompió sus vestidos, y se postró en tierra sobre su rostro delante del arca de Jehová hasta caer la tarde, él y los ancianos de Israel; y echaron polvo sobre sus cabezas" (v. 6). Romper sus vestidos era una señal externa de su aflicción. Postrarse sobre su rostro delante del arca era una señal de su humillación delante del Señor.

Así que Josué oró (Josué 7:7-9):
¡Ah, Señor Jehová! ¿Por qué hiciste pasar
a este pueblo el Jordán, para entregarnos en
las manos de los amorreos, para que nos
destruyan? ¡Ojalá nos hubiéramos quedado
al otro lado del Jordán! ¡Ay, Señor! ¿qué diré,
ya que Israel ha vuelto la espalda delante de
sus enemigos? Porque los cananeos y todos
los moradores de la tierra oirán, y nos rodearán,
y borrarán nuestro nombre de sobre la
tierra; y entonces, ¿qué harás tú a tu grande nombre?

La oración de Josué sonó muy parecida a las oraciones de los israelitas cuando anduvieron errantes por el desierto. Es como si hubieran aprendido a confiar en Dios después de aquella experiencia. Sin embargo J osué estaba repitiendo la misma cantaleta: "Oh Dios, ¿por qué nos permitiste meternos en este lío? ¿Por qué no nos dejaste al otro lado de Canaán?"

Josué no mencionó ni una sola promesa de Dios en su oración; no hubo acción de gracias por las buenas cosas que Dios había hecho y ninguna alabanza al Señor tampocq. En realidad, su oración era de, derrota total. Eso revela en qué tenía puesto los ojos.

Todos hemos acudido a Dios algunas veces con esa clase de oración. Clamamos: "Oh Señor, ¿por qué me dejaste meterme en este lío? ¿Por qué me tratas de este modo?'" Culpamos a Dios de nuestras circunstancias desagradables. Pero mire lo que Dios le dijo a Josué: "Levántate; ¿por qué te postras así sobre tu rostro?" (v. 10). Dios tenía una tarea para Josué. Había terminado su tiempo de llorar.

Cuando Dios mandó que los hombres de Israel entraran en Jericó, les ordenó que mataran a todos los hombres, mujeres y niños. También les ordenó que "toda la plata y el oro, y los utensilios de bronce y de hierro, [fueran] consagrados a Jehová, y [entraran] en el tesoro de Jehová" (6:19). Lo que no supo Josué es que no se siguieron esas instrucciones respecto al botín. Dios le dijo a Josué que Israel había pecado y que él tenía la responsabilidad de librar a Israel del "anatema", es decir, lo que habían robado. Era ese pecado de avaricia el que había hecho que la ira de Dios cayera sobre Israel en Hai. Así que Dios le dijo a Josué que dejara de lamentarse y que reuniera a los jefes de las tribus para descubrir el origen del problema.

Josué obedeció a Dios y pronto descubrió que el culpable era Acán. Éste había tomado un manto babilónico, doscientos siclos de plata y un lingote de oro que debían ofrecerse a Dios. Como resultado, Acán y toda su familia fueron apedreados y quemados. Dios apartó su ira de Israel y restauró su bendición. Después de eso, los israelitas derrotaron rápidamente a Hai.

A menudo cometemos el error en nuestras oraciones de hablar demasiado y no escuchar lo suficiente. Después que oramos sobre algo durante algún tiempo y nada ocurre, o incluso empeoran las cosas, revelamos una actitud como la de Josué. Comenzamos a culpar a Dios, tal vez no en forma audible, sino en nuestro pensamiento. Miramos a otras personas y le preguntamos a Dios por qué Él no nos bendice del mismo modo que las bendice a ellas.

En vez de quejamos, tenemos que preguntarle a Dios por qué andamos derrotados; luego debemos permanecer callados y escuchar. Cuando le demos a Dios la oportunidad, Él nos mostrará qué hacer.

Un joven entró en mi oficina una mañana para hablar conmigo sobre a qué seminario debía asistir. Mientras conversábamos, le pregunté cuándo había sentido que Dios lo llamaba al ministerio. Me dijo que tres años antes sintió que Dios quería que él predicara. Le dijo a su esposa que sentía que Dios quería que él lo hiciera y ambos se sintieron entusiasmados en cuanto a entrar juntos en el ministerio.

Poco después de eso él recibió un aumento de sueldo en su trabajo. Dios lo bendijo también de otras maneras para ayudarlo en su cambio de vocación. Pero en vez de seguir de inmediato el llamado de Dios con alguna acción, se mantuvo orando por ese llamado. Decía que sabía que debía haber dado algunos pasos para prepararse para el ministerio, pero no los dio.

Luego las bendiciones cesaron y el hombre sintió que aumentaba la carga de Dios para que diera esos pasos. Pero en vez de eso le dio largas al asunto durante tres años. En definitiva la presión era demasiada, y decidió hacer lo que Dios quería que hiciera.

Habrá momentos en que acudamos al Señor con una situación, y Dios dirá: "Cuando mejores esa relación, o cuando pagues esa deuda o cuando me obedezcas en ese asunto, entonces te bendeciré." Por lo general, lo que Él nos revela no tiene nada que ver con nuestra petición. Por ejemplo, ¿qué tenía que ver un lingote de oro de Jericó con una victoria en Hai? En un sentido nada, pero ante los ojos de Dios valía la vida de treinta y seis soldados. Pudiera ser la manera en que usted maneja su negocio, pudiera ser un hábito, o pudiera ser algo que ni siquiera consideraría incorrecto; pero que Dios le ha dicho que tiene que terminar.

Por lo general en esas situaciones seguimos orando. Incluso pudiéramos darle gracias a Dios por su perdón. Esperamos que si oramos lo suficiente por eso, Dios dejará pasar el asunto sin tomar acción. En vez de tomar acción valientemente, evitamos la situación.

Sin embargo, cuanto más tiempo esperemos, tanto más tiempo Dios retiene sus bendiciones. Dios nos está diciendo: "¿Por qué no dejas de quejarte de tus circunstancias y arreglas el asunto?" A veces no estamos seguros de cuál es el· problema. Pero si con sinceridad le permitimos a Dios que examine nuestro corazón, por lo general el problema se hace evidente.

Por ejemplo, digamos que en el pasado usted le pidió a alguien un dinero prestado y no se lo devolvió. Algunas veces en sus oraciones esa deuda aparece amenazadora delante de usted. La reacción suya pudiera ser: "Señor, sé que tú sabes de ese asunto, y quiero darte las gracias por perdonarme." Pero continúa volviendo a la 'mente. Dios está tratando de indicarle que, aunque usted ha sido perdonado, todavía es necesario hacer la restitución. Dios espera que usted pague la deuda; después Él pondrá de nuevo su mano de bendición sobre usted.

Tenemos que ver el panorama total, el panorama que Dios ve. Él no está interesado en el dinero que usted le deba a alguien o en que usted le pida disculpas a alguien por algo que ni siquiera recuerda. Pero El está interesado en su obediencia al primer impulso de su Espíritu. Él está interesado en cuánto tiempo le toma a usted obedecerle una vez que conoce la verdad. La demora es rebeldía silenciosa, y la rebeldía es pecado. Seguir orando sobre algo y al mismo tiempo negarse a hacer lo que debe hacerse es cubrir un espíritu rebelde con un manto de falsa humildad. Es pecado (Stg 4: 17).

LA IMPORTANCIA DEL TIEMPO OPORTUNO

Hay cinco principios en esa historia de Josué que no debemos olvidar. En primer lugar, hay un tiempo de esperar y un tiempo de actuar. El tiempo de esperar es cuando no sabemos lo que Dios quiere que hagamos. El tiempo de actuar es el momento en que Dios nos muestra qué hacer y cómo comenzar a hacerlo.

NO PODEMOS CULPAR A DIOS

En segundo lugar, debemos recordar que es una pérdida de tiempo culpar a Dios por nuestros problemas. Cuando nos encontramos echándole siquiera la más mínima culpa a Dios, es tiempo de que hagamos una reevaluación. Dios permitirá que nos rodeen ciertos obstáculos, pero siempre teniendo en cuenta el beneficio de nosotros. Cuando nos volvemos críticos de nuestras circunstancias, nos volvemos críticos de Dios. Y cuando nos volvemos críticos de Él, estamos poniendo más fe en nuestra sabiduría que en la suya. Así es como perdemos de vista el panorama total de Dios.

Chuck estaba perdiendo su negocio cuando fue a conversar conmigo acerca de eso. En el curso de nuestra conversación, le aconsejé que leyera Proverbios y aplicara los principios de ese libro que tratan sobre los negocios. Luego ambos llegamos al acuerdo de que él diezmaría de sus ingresos.

Como un mes después, Chuck fue a verme otra vez. Su negocio estaba floreciente y todo parecía estar saliendo como él quería. Estaba alabando al Señor y dándole a Él toda la gloria por lo que había sucedido.

Tres meses después de eso, el negocio de Chuck se hizo pedazos de nuevo; esta vez peor que antes. Dejó de ir a la iglesia, dejó de diezmar y se negó a leer la Biblia. Según su esposa, Chuck le echaba la culpa de toda la confusión a Dios. Las cosas estaban peor que nunca en el hogar, y parecía que no había esperanza de cambio alguno. Entonces un día, en medio de toda la decepción y la angustia, Chuck comprendió lo que estaba sucediendo. Le confesó a su esposa que el Señor le había pedido que abandonara determinado hábito y que él se había negado a abandonarlo. Reconoció que tenía la culpa de sus propios problemas y que había sido injusto al culpar a Dios.

PUDIÉRAMOS NO VER UNA RELACIÓN

En tercer lugar, debemos recordar que lo que tenemos que enmendar pudiera no relacionarse siquiera con aquello por lo cual estamos orando. Como eso es aSÍ, si no somos sinceros con nosotros mismos, llegaremos a la siguiente conclusión: "Esto ni siquiera se relaciona con mis circunstancias actuales. Sin duda esto no es del Señor." Pero si lo mismo sigue presentándose una vez tras otra, usted puede estar seguro de que es de Dios, sin considerar cuánto tiempo hace que sucedió. Chuck no podía ver cómo su problema económico se relacionaba con su mal hábito. Pero su ruina financiera fue el método de Dios para atraer su atención. Cuando Chuck vio lo que Dios estaba haciendo, dejó de culparlo y se enderezó.

LA OBEDIENCIA TARDÍA ES DESOBEDIENCIA

En cuarto lugar, debemos resolver esos asuntos de inmediato. La obediencia tardía es desobediencia. Dios no está interesado en nuestras oraciones cuando las usamos para esquivarlo. Si se lo pedimos al Señor, Él nos mostrará qué debe hacerse. No sólo eso, sino que nos dará direcciones explícitas en cuanto a cómo y cuándo llevarlas a cabo. Pero al recibir sus direcciones, debemos actuar.

LA BENDICIÓN SIGUE LA OBEDIENCIA

En quinto lugar, podemos esperar que la bendición de Dios siga a nuestra obediencia a sus mandamientos. Para Israel, la conquista de Hai siguió - no precedió - el apedreamiento de Acán. A menudo la bendición de Dios depende de nuestra obediencia.

Tal vez mientras usted ha estado leyendo este capítulo Dios le haya recordado algo que tiene que resolver. Pudiera tener que ver con su familia, su trabajo o sus amigos. Pero sea lo que sea, Dios quiere que lo resuelva porque Él quiere lo mejor para usted. Cuando Él señala algo en la vida de usted, es con un dedo de amor unido a la mano que lleva la marca de ese amor, la huella de los clavos. Una de las razones primordiales de que muchos creyentes no sean ricamente bendecidos por Dios es porque no se levantan de su postración para ocuparse de la actitud o la acción que Dios ha mostrado como desobediencia.

La oración constante sin resolver la cuestión del conflicto divino nos privará del éxito que Dios desea para nosotros en nuestra vida de oración. Nada es más valioso que una comunión sin obstáculos con Dios el Padre. Cuando Él hace brillar su faro de amor en la vida suya, ¿se ocupará de lo que Él muestra como ajeno a la voluntad de Él para la vida de usted? ¿Lo resolverá ahora mismo?

LA ORACIÓN
POR LOS DEMÁS

Exhorto ante todo, a que se hagan rogativas,
oraciones, peticiones y acciones de gracias, por
todos los hombres; por los reyes y por todos
los que están en eminencia, para que vivamos
quieta y reposadamente en toda piedad y honestidad.
Porque esto es bueno y agradable
delante de Dios nuestro Salvador, el cual quiere
que todos los hombres sean salvos y vengan
al conocimiento de la verdad. Porque hay un
solo Dios, y un solo mediador entre Dios y los
hombres, Jesucristo hombre, el cual se dio a sí
mismo en rescate por todos, de lo cual se dio
testimonio a su debido tiempo, Para esto yo fui
constituido predicador y apóstol (digo verdad
en Cristo, no miento), y maestro de los gentiles
en fe, y verdad. Quiero, pues, que los hombres
oren en todo lugar, levantando manos santas,
sin ira ni contienda.
1 Timoteo 2.1-8

Todas hemos tenido la frustrante experiencia de orar por los demás y no ver resultado alguno. Culparnos de eso a nuestra falta de fe o a algún pecado oculto en nuestra vida.

Pero a menudo el verdadero problema es que no estamos enterados de lo que la Biblia enseña acerca del orar por los demás. La Biblia pone en claro que cuando oramos por los demás se deben seguir ciertos principios. Es importante que comprendamos y apliquemos esos principios si hemos de ver a Dios satisfacer las necesidades y hacer los cambios necesarios en la vida de aquellos por quienes oramos. Pero echemos una cuidadosa mirada a las personas por quienes la Biblia nos manda a orar.

LAS AUTORIDADES

Pablo dice que debemos orar por los reyes y por todos los que ejercen autoridad (1 Ti 2:2). Para nosotros sería nuestro presidente, nuestro congreso, nuestro alcalde e incluso nuestro jefe. Debemos interceder en favor de ellos, llevando sus necesidades ante el trono de Dios. Después también debemos dar gracias a Dios por ellos.

La decadencia moral de nuestro tiempo, la corrupción en las altas esferas de la sociedad, la pérdida de credibilidad entre nuestros líderes y la pérdida de fe en ellos de parte de los ciudadanos requieren nuestra renovada dedicación a orar por nuestros líderes.

Debemos orar para que todas las personas que se postulan para ocupar cargos públicos, así como los electos, teman a Dios y lo reconozcan como Señor. Con hombres impíos ejerciendo autoridad, ¿cómo podemos vivir" quieta y reposadamente en toda piedad y honestidad"? (v. 2) El liderazgo impío crea conflicto y rivalidad. El escritor de Proverbios afirma: "Cuando los justos dominan, el pueblo se alegra; mas cUl;lndo domina el impío, el pueblo gime" (Pr 29:2).

Pablo nos exhorta a orar (1 Ti 2:1). El verbo exhortar significa animar enérgicamente. Se nos anima enérgicamente a orar por las mujeres y los hombres que ocupan cargos públicos. Debemos orar para que ellos vean los problemas que plagan nuestra sociedad desde el punto de vista de Dios. Si alguna vez hubo una exhortación que debe escuchar el pueblo de Dios, es esa petición de Pablo de que se ore por quienes ejercen autoridad.

EL CUERPO DE CRISTO

Inmediatamente después tenemos que orar por el cuerpo de Cristo: la iglesia. Tenemos la responsabilidad de orar por todos los santos (Ef 6: 18). Una parte del cuerpo de Cristo está sufriendo persecución. Otra parte está tibia. Otra parte está fría, habiendo puesto a un lado la verdad de la Palabra de Dios y dudando de su autenticidad. Incluso otra parte del cuerpo tiene necesidades económicas. Debemos interceder por cada parte según sus necesidades específicas, no simplemente hacer una petición general como: "Bendice la iglesia." Debemos orar por todos los santos, no sólo por el grupo con el que nos relacionamos directamente.

SIERVOS PROFESIONALES

También debemos orar por los siervos de Dios, los que han sido llamados a servirle de manera permanente. Hasta cierto punto, todos somos siervos permanentes. Pero debemos orar especialmente por los que han hecho del servicio' espiritual la vocación de su vida: pastores, maestros, misioneros y evangelistas.

Pablo nos dice cómo. En primer lugar, debemos orar para que se les dé mensaje, es decir, tenemos que pedir que Dios les muestre a sus siervos qué tienen que predicar y enseñar. En segundo lugar, debemos pedir que esos siervos especiales digan la verdad con valentía. En tercer lugar, debemos orar para que hagan conocer el misterio del evangelio, que su mensaje sea claro. Pablo sabía por experiencia propia que esas tres cuestiones específicas son las claves para un ministerio eficaz.

Como pastor, no hay nada más tranquilizador que saber que los demás están orando por mí. Hay un predicador anciano y casi inválido en nuestra iglesia que se levanta a las dos de la madrugada cada día para orar por mí. Una que otra vez me envía versículos que tratan sobre las necesidades específicas que el Señor ha puesto en su corazón respecto a mi vida. Siempre él acierta, y sus cartas y versículos son siempre estimulantes.

Para los pastores, ninguna posesión es más valiosa que las constantes oraciones del pueblo de Dios. Sin embargo, un problema principal en la iglesia de hoy es que las personas pasan más tiempo criticando a su pastor que orando por él. Más que nunca, los siervos de Dios necesitan que se les sostenga en oración. Más que nunca necesitan expresión, denuedo y claridad al presentar el evangelio. Es tiempo de que dejemos de criticar y comencemos a interceder.

OBREROS

Después tenemos que orar por obreros, es decir, por las personas que han de ser llamadas todavía. Jesús exhortó a sus discípulos: "Rogad, pues, al Señor de la mies, que envíe obreros a su mies" (Mt 9:38). Debemos orar por aquellos a quienes Dios llama a que escuchen su llamado y a que salgan en su poder a predicar, a enseñar, a cantar ya ocupar puestos de liderazgo en la iglesia.

En este mismo instante hay personas que están luchando con el llamado de Dios para trabajar en el ministerio cristiano. El enemigo está haciendo todo lo que puede por arrastrarlos al mundo. Esas personas necesitan nuestras oraciones, sobre todo para impedir que las potestades de Satanás influyan en su decisión. Tenemos que orar para que ellas sean sensibles y obedientes a las insinuaciones del Espíritu.

LOS PERDIDOS

De igual modo, debemos orar por los perdidos. La inmensa mayoría de los pasajes bíblicos que se relacionan con la oración nos exhortan a orar por los santos. Pero Pablo también nos dice que es la voluntad de Dios que todos se salven (1 Ti 2:4-6). Orar por los perdidos es orar conforme a la voluntad de Dios.

NUESTROS ENEMIGOS

Hay un último grupo por el que debemos orar: nuestros enemigos. Jesús dijo: "Amad a vuestros enemigos, bendecid a los que os maldicen, haced bien a los que os aborrecen, y orad por los que os ultrajan y os persiguen" (Mt 5:44). A menudo es difícil orar por los que no nos caeR bien, sobre todo si ellos sienten lo mismo hacia nosotros. Así que ¿por qué se nos manda a orar por nuestros enemigos? Por la misma razón que debemos orar por todos los demás: a fin de que vivamos quieta y reposadamente en toda piedad y honestidad" (1 Ti 2:2). La cuestión es ésta: ninguna de esas oraciones se han de basar en simpatías o antipatías personales, sino más bien en nuestro deseo de paz y santidad para toda la humanidad.

Uno de los resultados de elegir hombres piadosos para los cargos públicos, y de orar por ellos, es una sociedad pacífica y piadosa. De igual manera, orar por quienes tienen la autoridad en el hogar y en el centro de trabajo dará por resultado la paz en esos lugares. Dios pudiera traer paz al obrar primero el} nosotros; sin embargo, sin importar cómo lo haga, El promete que el resultado final será el mismo.

Mediante la oración Dios cierra brechas creadas por el conflicto. Luego Él manifiesta su Espíritu de santidad y reverencia. La paz y la santidad en nuestros hogares, nuestra nación y nuestro trabajo depende de nuestras oraciones. Estoy convencido de que si el pueblo de Dios orara de la manera que Dios quiere, Él realizará un milagro en este país. Habrá un sosiego y una paz que jamás ha conocido esta generación.

Sin embargo, si dejamos de orar, nuestra sociedad continuará bajando en espiral rumbo al caos. El pueblo de Dios es el culpable, porque sólo nosotros tenemos acceso al Dios todopoderoso, la Fuente del poder, quien puede transformar esa degradada condición.

CÓMO ORAR

Ahora que comprendemos por quiénes estamos orando, averigüemos cómo orar por ellos. Con demasiada frecuencia oramos por los demás para aplacar nuestra conciencia, y no con el propósito ni la esperanza de cambio. Hacemos oraciones imprecisas sin pensar en bendiciones específicas. Si vamos a orar, aprendamos a orar eficazmente.

UN CORAZÓN COMPASIVO

No debemos olvidar que hay que orar con el corazón lleno de amor y compasión. Dios no oirá las oraciones que tienen el más mínimo indicio de prejuicio o de enojo. Además, no oraremos sin cesar por las personas hacia quienes sentimos resentimiento y amargura. Sin importar qué se hizo y a quién se debe culpar, Dios quiere que nuestras actitudes sean correctas cuando oramos.

No debemos llevar una vida de reacciones negativas ante la conducta de los demás, sino más bien respondiendo positivamente al Espíritu Santo. Si estamos dispuestos a que Dios remedie nuestra amargura hacia nuestros enemigos, Él lo hará; muchas veces lo hará mediante nuestras oraciones por ellos. Sin embargo, cualquiera que sea el caso, debemos orar con el corazón lleno de amor y compasión.

LA ORACIÓN ES EL VÍNCULO

Acto seguido debemos comprender que nuestras oraciones son el vínculo entre los recursos inagotables de Dios y las necesidades de las personas. Mediante la oración dirigimos la mano de Dios de infinitos recursos a la mano de la persona necesitada. Dios es la fuente de poder, pero nosotros somos el instrumento que Él usa para unirlos a los dos. Estamos en la brecha entre la necesidad y la satisfacción de esa necesidad. Cuando nos veamos en esa posición, comprenderemos la necesidad de la oración firme y constante. Comenzaremos a orar sin cesar.

Una tarde un pastor de otra ciudad fue a pedirme consejo sobre un problema de su iglesia. Algunos diáconos de su iglesia estaban tratando de dirigir las cosas. Eran una verdadera fuente de irritación, y ese pastor había tolerado más de lo que podía soportar. Aquella noche su iglesia iba a analizar la manera en que se debían seleccionar a los diáconos. Estos habían amenazado con desafiar al pastor públicamente delante de toda la congregación. Habían tenido éxito en salirse con la suya hasta entonces, y ese pastor sabía que era tiempo de darle un giro total a la situación o en realidad la iglesia sufriría.

Él estaba afligido y temeroso. Conversamos por un rato y le di un versículo para que lo reclamara durante la reunión de negocios. "Vendré a los hechos poderosos de Jehová el Señor; haré memoria de tu justicia, de la tuya sola" (Sal 71: 16). Luego le dije que yo oraría. Me puse en la brecha entre el pastor y la victoria que él necesitaba. Pedí específicamente que Dios cerrara la boca de quienes vinieran contra mi amigo como Dios cerró la boca de los leones en el caso de Daniel.

Ya tarde aquella noche me volvió a llamar. Él estaba tan emocionado que apenas pude entenderlo. Dijo que fue la reunión de negocios más tranquila que hubieran tenido jamás y que nadie dijo ni una palabra en oposición a sus propuestas.

A veces seremos la única persona que está en la brecha en una determinada situación. Eso es especialmente cierto si somos la única persona que conoce una necesidad en particular. La intercesión en ese caso se convierte en nuestra exclusiva responsabilidad. Esa clase de oración es difícil pero provechosa. Así es como Cristo oró, porque Él estuvo en la brecha entre Dios y toda la humanidad. Él fue el vínculo entre Dios y toda la raza humana. De igual manera, debemos estar accesibles por el bien de los demás.

IDENTIFICÁNDONOS CON LAS NECESIDADES DE LOS DEMÁS

Para orar eficazmente por los demás debemos ser capaces de identificarnos con las necesidades de ellos. Espiritual y emocionalmente, debemos sentir lo que ellos sienten. Cuando Jesús vio las multitudes, "tuvo compasión de ellas" (Mt 9:36; véanse también 14:14; Mr 1:41; Le 7:13). Él sintió lo que sentimos nosotros. Cristo fue tentado y probado en todos los aspectos que lo somos nosotros (Heb 4: 15). ¿Por qué? Una razón era para que Él pudiera orar eficazmente por nosotros. Él sabe cómo nos sentimos en cada situación a la que nos enfrentamos. Cuando usted y yo hablamos con el Señor, Él puede identificarse con nosotros. Él vivió en un hogar durante treinta años; conoce los problemas con los que se tropieza allí. Él trabajó en una carpintería; puede identificarse con el obrero. Él fue odiado y rechazado; puede identificarse con el oprimido.

Pude identificarme con el pastor que enfrentaba la oposición en su iglesia porque yo había enfrentado una situación similar. Mientras yo oraba, recordaba cómo me había sentido cuando me enfrenté a la oposición de los diáconos. Recordé los sentimientos de rechazo. Recordé la presión que sentía cada domingo cuando me ponía a predicar. Todo eso me animaba a orar fervientemente por mi amigo. El identificarme con él me permitió orar de una manera que pocas otras personas podían hacer.

EL PROÓSITO DEL SUFRIMIENTO

Una razón fundamental por la que Dios nos permitir sufrir es para que podamos identificarnos con los demás en nuestras oraciones. Hasta que sufrimos, tendemos a estereotipar a los que sufren como inferiores y débiles. Tenemos poca paciencia con ellos, y mucho menos carga alguna para orar por ellos. Pero Cristo vivió entre los rechazados y sufridos. Él fue uno de ellos.

Cuando eludimos el dolor, limitamos nuestra utilidad para Dios. Mediante el consuelo que recibimos en nuestras pruebas, aprendemos a consolar a otros (2 Co 1 :4). Ese versículo da a entender que si nunca hemos sido consolados, no sabremos cómo consolar a los demás.

Así que si hemos de orar por los demás, debemos pedirle al Señor que nos ayude a ver lo que otros ven, y a sentir lo que ellos sienten. Debemos comprender sus sufrimientos. Y la única manera de comprenderlos es experimentar el sufrimiento en nuestra vida. Cuando compartimos la aflicción de otra persona, oraremos con un fervor que nunca hemos conocido antes.

DESEAR LO MEJOR PARA LOS DEMÁS

Cuando oramos por los demás, debemos desear lo mejor para ellos. Debemos morir a todos los deseos egoístas respecto a ellos y buscar únicamente lo mejor de Dios. No le podemos poner condición alguna a Dios en nuestras oraciones, sin que importe lo que nos cueste. Por ejemplo, si una muchacha está orando para que su novio sea salvo, ella debe estar dispuesta a hacer cualquier cosa para que Dios responda su oración. Si dice: "Haré cualquier cosa menos romper con él", entonces Dios pudiera sólo contestar su oración con la condición de que ella esté dispuesta a terminar esa relación. Cuando le ponemos condiciones a Dios, a menudo Él hace de esa la condición de la cual depende la respuesta a nuestra oración.

Carlos había estado orando durante meses por su hijo rebelde. Su hijo de veintidós años se había ido de la casa y estaba viviendo con algunos muchachos en una choza fuera de la ciudad. Mi amigo sabía que su hijo había estado usando drogas antes que se fuera del hogar y poco después se enteró de que su hijo se había convertido en un narcotraficante. Los intereses primordiales de Carlos eran que Dios trajera a su hijo de vuelta al hogar y que su hijo no fuera arrestado.

Una mañana, mientras oraba por su hijo, Dios le habló a Carlos. Éste comprendió que la suya había sido una petición egoísta. Era muy conocido en la ciudad y se avergonzaría si su hijo fuera arrestado y acusado de usar drogas. Carlos le dijo al Señor que, si la única manera de liberar a su hijo de su pecado era dejar que fuera arrestado, estaba dispuesto a que eso sucediera, incluso, a costa de su reputación.

Pocos días después, Carlos recibió una llamada de la policía. Su hijo había sido arrestado y se le acusaba de posesión ilícita de drogas. Cuando Carlos se dirigía a la estación de policía para recoger a su hijo, comprendió que Dios había estado esperando que él asumiera la actitud correcta antes que Él pudiera permitirle a su hijo volver al hogar.

Dios premió la obediencia de Carlos. Él y su hijo renovaron su relación y poco después su hijo volvió a irse de la casa, esta vez para estudiar para el ministerio.

Cuando oramos por alguien debemos quitar por completo las manos del asunto y permitir que Dios obre de cualquier manera que Él considere pertinente. Pudiera no resultar de la manera que queremos, pero el resultado siempre será en el mejor interés de ambas partes.

SER PARTE DE LA RESPUESTA

Cuando oramos por otras personas, debemos estar dispuestos a ser parte de la respuesta si es necesario. Si no estamos dispuestos a ser usados para responder nuestras propias oraciones, no estamos colaborando con Dios. Como resultado, Él no colaborará con nosotros. No responderá nuestras oraciones. ¿Por qué? Porque esas son oraciones de aislamiento y separación. Lo que estamos diciendo es: "Dios, no quiero meterme en los problemas de nadie. Ocúpate tú de eso."

¿Puede imaginarse a Jesús haciendo eso? "Lo siento, Bartimeo, pero no quiero ensuciarme las manos." Dios no oirá nuestras oraciones de aislamiento. Si no tenemos más interés que ese, entonces Él no está interesado en nuestras oraciones. Mientras pidamos y no hagamos nada, Él escuchará y no hará nada. Si no nos cuesta nada, podemos esperar muy poco a cambio.

No ore por más misioneros a no ser que esté dispuesto a ir usted mismo o esté dispuesto a enviar a sus hijos. No ore por la necesidad económica de otra persona a no ser que esté dispuesto a dar. Y no ore por los perdidos a no ser que esté dispuesto a ir donde están ellos y a decirles lo que Cristo significa para usted.

DEBEMOS PERSEVERAR

Cuando intercedemos por los demás, debemos perseverar. Debemos estar dispuestos a seguir orando hasta que llegue la respuesta. Una razón por la que no vemos más respuestas a la oración es porque no estamos dispuestos a pagar el precio; y a menudo el precio es tiempo. Si de veras sentimos la carga por alguien y en realidad sentimos lo que esa persona siente, es posible que no podamos dejar de orar hasta que sea levantada su carga. Pero si sólo vamos a orar por lástima o para aplacar nuestra conciencia, pronto olvidaremos al que tiene necesidad. Una genuina prueba de lealtad a nuestros amigos es si estamos dispuestos a sacrificar nuestra vida por ellos en oración. Nuestra lealtad a nuestros amigos se puede medir por la constancia de nuestras oraciones por ellos.

Mentimos cuando con petulancia les decimos a los demás que los amamos, y luego nos olvidamos de orar por ellos en su momento de necesidad. Muchas veces, cuando alguien nos ha pedido que oremos por una necesidad específica, le decimos: "Oraré por ti." Luego oramos por esa persona de manera fortuita, si es que acaso la recordamos. Tenemos que examinarnos a nosotros mismos y ver si de veras sabemos lo que es el amor. Oramos sin cesar por aquellos a quienes de veras amamos. Esa es la razón de que a menudo nuestras oraciones estén tan llenas de nuestros propios deseos y necesidades.

Pídale a Dios que le indique a tres personas por las que Él quiere que usted ore; tres personas que tengan cargas, aflicciones o necesidades específicas. Dígale a Dios que usted está dispuesto a ser parte de la respuesta. Luego pídale que comparta la carga con usted. Pídale a Dios un genuino espíritu de compasión y amor por esas tres personas. Dígale que usted quiere que le enseñe a orar e interceder en favor de ellas. Comience con tres y luego añada otras según el Señor lo guíe.

Si todos comenzáramos a orar los unos por los otros, el Espíritu de Dios derramará sobre nosotros la bendición del cielo. Se restablecerían los hogares, serían bendecidos los negocios y las iglesias estarían en un constante espíritu de avivamiento. No es posible describir lo que Dios haría en la vida de usted si aplica esos sencillos principios a sus oraciones. ¡Su vida será transformada y no volverá a orar igual que antes!

EN LA ORACIÓN
ESTÁ LA ACCIÓN

*Entonces vino Amalee y peleó contra Israel
en Refidim. Y dijo Moisés a Josué: Escógenos
varones, y sal a pelear contra Amalee;
mañana yo estaré sobre la cumbre del collado,
y la vara de Dios en mi mano. E hizo Josué
como le dijo Moisés, peleando contra Amalee;
y Moisés y Aarón y Hur subieron a la
cumbre del collado. Y sucedía que cuando
alzaba Moisés su mano, Israel prevalecía; mas
cuando él bajaba su mano, prevalecía Amalee.
Y las manos de Moisés se cansaban; por
lo que tomaron una piedra, y la pusieron
debajo de él, y se sentó sobre ella; y Aarón y
Hur sostenían sus manos, el uno de un lado
y el otro de otro; así hubo en sus manos
firmeza hasta que se puso el sol. Y Josué
deshizo a Amalee y a su pueblo a filo de espada.*
Éxodo 17.8-13

Mientras los hijos de Israel viajaban a través del desierto en su camino hacia Canaán, muchos que estaban débiles y enfermos quedaban en la retaguardia de la caravana y se les dejaba que fueran al paso que pudieran. Como resultado, los israelitas se dispersaron en muchos kilómetros a través del desierto. Amalec, una tribu nómada de aquella región, se aprovechó de esa situación y atacó y saqueó a los que se quedaron atrás. Así que los israelitas se vieron obligados a luchar aun cuando estaban mucho menos preparados para la guerra que los amalecitas. No era ningún secreto que los israelitas habían salido de Egipto cargados con tanta riqueza como la que pudieron llevar. Los amalecitas estuvieron dispuestos a correr cualquier riesgo por robar esa riqueza para sí.

Moisés le dice a Josué que escoja a sus hombres para la lucha contra los amalecitas (Éx 17:9). Mientras tanto Moisés, Aarón y Hur subieron a la cumbre de un collado desde donde pudieran observar la batalla. Cuando comenzaron a luchar los dos ejércitos, Moisés alzó la vara de Dios encima de su cabeza y hubo un inmediato giro en la batalla; la nación de Israel comenzó a ganar. Cuando él bajaba la vara por causa del cansancio, Amalec comenzaba a ganar la batalla. Pronto se hizo patente para Moisés, Aarón y Hur que el factor determinante en esa batalla era si Moisés alzaba o no su vara. De modo que Aarón y Hur sentaron a Moisés en una piedra y cada uno de ellos levantó uno de los brazos de Moisés y lo mantuvo alzado. Y aun cuando el ejército de Israel estaba en desventaja debido a su falta de pertrechos y preparación, derrotaron a los amalecitas.

DONDE SE GANA LA BATALLA

No se ganó la batalla debido a la fuerza numérica del ejército o gracias al genio militar de Josué. Se ganó la batalla en la cumbre del collado mientras Aarón y Hur alzaban las manos de Moisés. Fue la acción en la cumbre del collado la que determinó el resultado de la acción en el valle.

Hay tres principios en este acontecimiento que, si se observan cuidadosamente, harán más emocionante nuestra vida de oración y más eficaces nuestras oraciones. En primer lugar, las batallas de la vida se ganan o se pierden en el lugar de la oración, no en el campo de batalla de la vida diaria. El verdadero éxito o fracaso espiritual de una iglesia no depende del talento del predicador, del tamaño de la congregación ni de la fortaleza de la organización. Desde el punto de vista de Dios el éxito sólo se obtendrá mediante la oración. La persona que considere esas otras cosas como las normas para el éxito no tiene concepto alguno de la obra del Espíritu Santo. Es mediante esas señales externas que el mundo juzga a la iglesia. Pero Dios no gana sus batallas mediante señales externas. Dios gana sus batallas por medio de hombres y mujeres que interceden por el reino.

Hubo un tiempo en que yo tenía miedo de nuestras reuniones mensuales de diáconos. Por lo general duraban más de tres horas, y cuando terminábamos yo estaba agotado emocional y físicamente porque por lo regular se lograba muy poco. Entonces el Señor puso en el corazón de uno de los diáconos el comenzar una reunión de oración de los diáconos los sábados por la mañana.

Cada sábado nos reuníamos y orábamos durante dos o tres horas. El Señor comenzó a unir nuestros corazones de una manera extraordinaria. Hubo una unidad de voluntad y propósito entre nosotros como nunca antes la había habido.

Pronto cambió el carácter de nuestras reuniones mensuales. El ambiente era más sosegado, y todo el mundo era más complaciente. Se redujo el tiempo de las reuniones a menos de la mitad de lo que era antes, y todos estuvieron de acuerdo en que logramos más. Se resolvían todos los asuntos tan rápidamente que trasladamos el tiempo de la reunión para el domingo por la tarde.

Los diáconos convinieron en que el orar juntos los sábados por la mañana había hecho un gran efecto. Los asuntos de Dios, en su mayor parte, se resuelven de rodillas. Cuando abordamos cualquier situación, primero debemos orar, porque es de rodillas como se hace el verdadero trabajo.

En ese incidente del libro de Éxodo, Dios quería enseñarles una lección a Moisés, a Josué y al resto del pueblo. Allí estaba ocurriendo algo más que sólo una batalla entre dos ejércitos. También se estaba librando una gran batalla espiritual. El mensaje de Dios era este: en nuestros conflictos espirituales el resultado no está determinado por lo que se ve en el campo de batalla, sino más bien por lo que sucede en el lugar de la oración. Por eso a lo largo del Antiguo Testamento Dios puso a su pueblo en campos de batalla donde se enfrentaron a desventajas abrumadoras. Sin embargo, para el asombro de todos los que vieron y oyeron, su pueblo salió victorioso. ¿Por qué? Porque por un espíritu de absoluta dependencia de Él y de fe constante en Él libraron las verdaderas batallas postrados sobre sus rostros delante de Dios. Sus victorias públicas era el resultado de sus victorias privadas.

Cuando nosotros, en absoluta dependencia de Dios, doblamos las rodillas antes que comience el conflicto, Dios vuelve hacia Él nuestros ójos. Él nos escudriña y nos limpia en preparación para la batalla que se aproxima. Dios nos da su perspectiva de la batalla, que siempre es muy superior a la nuestra. Nuestra fe se eleva cuando vemos que quienes nos hacen la guerra a nosotros también tienen que hacerle la guerra al Cristo que está en nosotros: Él nos muestra su suficiencia para cualquier situación que estemos enfrentando. Luego nos promete la victoria en su Palabra. Cuando nos levantamos de nuestro lugar de oración, marchamos a cualquier batalla seguros de la victoria. Porque la batana es del Señor y la victoria es nuestra. "Mas a Dios gracias, el cual nos lleva siempre en triunfo en Cristo Jesús" (2 Co 2:14).

Muchos conflictos hogareños terminarían pronto si los miembros de la familia doblaran las rodillas delante de Dios, examinaran su propio corazón y le entregara? las batallas a Él. Debemos comprender que sólo Él es el origen de todas las cosas, espirituales y materiales (2 P 1 :3). Debemos enfrentarnos a cada situación con nuestra absoluta dependencia en Él. Entonces, y sólo entonces, Dios pondrá en acción su poder sobrenatural para vencer al enemigo.

UNA LECCIÓN DIGNA DE CONTAR

La Lección que aprendió Moisés era tan importante que Dios específicamente le dijo que le contara a Josué toda la historia en detalles. Dios sabía que pronto Josué se convertiría en el líder de los israelitas. Él también sabía que a través de las muchas batallas que libraría Josué, éste necesitaría la seguridad de que Dios estaba luchando junto a ellos. Dios quería que la perspectiva bélica de Josué fuera una perspectiva celestial. Así debe ser para nosotros.

Un problema es que a menudo no sabemos quién es el enemigo. Actuamos como si las personas fueran nuestros enemigos: nuestros familiares, nuestros jefes e incluso nuestros amigos. Pero la Biblia pone en claro que Satanás es nuestro enemigo CEf 6: 12). Satanás sabía que el Mesías vendría a través de la nación de Israel. Los amalecitas y todas las demás naciones que lucharon contra Israel eran instrumentos de Satanás; armas para intimidar al pueblo de Dios y, hasta cierto punto, para atacar a Dios.

Para los israelitas, el conflicto físico no era el verdadero conflicto en modo alguno: Lo mismo ocurre con los conflictos que enfrentamos nosotros. Si no libramos nuestras batallas de rodillas, confundiremos a toda clase de personas como si fueran enemigos. Aunque parecen ser nuestros enemigos, Satanás es el origen primario de nuestros conflictos.

Una estudiante universitaria estaba teniendo dificultades para llevarse bien con su padre que no era cristiano. Sin importar cuán dulce fuera ella, simplemente no podían llevarse bien. Pronto ella se fue amargando. Cuando oró, el Señor le reveló una estrategia para enfrentarse a su amargura. Debía comprender que el conflicto no era entre ella y su padre, sino más bien entre Satanás y el Cristo que vivía en ella. Vio que Satanás estaba usando a su padre de instrumento para vencer al Cristo que vivía en ella.

Cuando ella adoptó esa actitud, comenzaron a cambiar las cosas en el hogar. Dejó de ver a su padre como su enemigo. Por el contrario, vio por primera vez cuánto en realidad él la amaba. Cuando surgían los conflictos, en vez de reaccionar contra su padre, doblaba las rodillas en oración y se enfrentaba al verdadero enemigo.

Mientras Satanás siembra semillas de discordia por toda la iglesia, muchos del pueblo de Dios se encuentran en conflicto unos con otros. Por lo general, esos conflictos nunca se resuelven porque nadie se enfrenta al verdadero enemigo: Satanás. No hay manera de ganar una batalla si no sabemos quién es nuestro enemigo. Y como nuestro verdadero enemigo es un ser espiritual, la única manera en que podemos realmente enfrentarnos a él es de rodillas.

Dios es el origen de todas nuestras victoria. Mediante la fe en Él y en su disposición de librar las batallas por nosotros, podemos enfocar la vida desde una perspectiva de victoria a pesar de las circunstancias. Esa no es una victoria reclamada y ganada en el campo de batalla de la vida, sino una victoria reclamada y ganada de rodillas en secreto antes que comience la batalla pública.

PUDIÉRAMOS CANSARNOS

En segundo lugar tenemos que recordar que, cuando nos enfrentamos a las batallas de la vida, a veces nos cansaremos. Incluso Moisés, el más grande estadista de Dios, se cansó mientras alzaba la vara de Dios sobre su cabeza. Aunque comenzó a alzarla con firmeza, pronto se cansó y por último dejó caer los brazos por completo.

Él sabía que la vara levantada era la clave para la victoria, pero sencillamente no podía mantenerla alzada. Justo a tiempo, Aarón y Hur lo sentaron y le sostuvieron los brazos hasta que la batalla hubo terminado y los amalecitas habían sido derrotados.

A pesar de que Jesús nos dijo que oráramos y no desmayáramos (Lc 18: 1), todavía desmayamos. Nos descorazonamos. A veces es porque miramos las circunstancias que nos rodean. Otras veces simplemente perdemos la carga. A veces Satanás falsea nuestra perspectiva para desanimarnos; vemos los problemas mucho más grandes de lo que son.

Dios sabe que algunas veces nos acobardaremos. Él sabe que a veces tenemos ganas de rendirnos. Él comprende cuando nos sentimos a punto de darnos por vencidos. P.ero ahí es donde entra en juego el tercer principio de esta historia.

EN BUSCA DE NUESTROS PROPIOS AARÓN Y HUR

Dios envió a Moisés a que subiera a esa cumbre del collado sabiendo que él no podía alzar la vara solo largo tiempo. No fue ninguna casualidad que Aarón y Hur lo acompañaran. Ellos le dieron a Moisés el apoyo que él necesitaba.

De igual manera, Dios no nos dejará totalmente independientes de los demás. Dios ha fundado su iglesia sobre un sistema de interdependencia, con cada persona ministrando a otras mediante sus diferentes talentos, dones, capacidades y oraciones. Pero al mismo tiempo todo el mundo reconoce a Dios como la Fuente de todas las bendiciones.

Todos necesitamos a un Aarón y a un Hur: dos personas con quienes podamos compartir nuestras necesidades y nuestras cargas. En el huerto de Getsemaní Cristo reveló su carga. También necesitó el apoyo de oración de sus amigos, pero los encontró dormidos.

Aarón y Hur no eran consejeros de Moisés. No le dijeron cómo alzar la vara para que no se cansara. Ellos eran quienes lo sostenían. En realidad alzaron la vara al sostener los brazos de Moisés.

Con demasiada frecuencia los demás nos darán consejo para nuestras batallas espirituales, pero no dedicarán su tiempo a la oración. ¿Quién está dispuesto a escuchar atentamente los sufrimientos de usted y luego orar hasta que Dios levante la carga? Necesitamos menos consejería y más oración. Porque Dios responde la oración llena del Espíritu, no los buenos consejos. Y Dios es el único con poder suficiente para ganar nuestras batallas por nosotros.

CORDÓN DE TRES DOBLECES

"Y cordón de tres dobleces no se rompe pronto" (Ec 4: 12). Algo sobrenatural tiene lugar cuando tres creyentes con genuino interés los unos por los otros y fe constante en Dios interceden los unos por los ()tros. Dios ha aceptado ese tipo de intercesión en mi vida muchas veces. Tengo a un "Aarón" y a un "Hur" que han orado conmigo en medio de dificultades económicas, problemas familiares, problemas relacionados con la iglesia y profundos sufrimientos personales. Tener a otros dos hombres que llevan mis cargas con lágrimas por mí es una de las experiencias más estimulantes y fortificantes de mi vida espiritual. Eso sirve de confirmación física de que Dios se interesa en mis problemas. Mi fe se eleva en medio del conflicto cuando oigo las oraciones llenas de fe de mis amigos que le piden a Dios en mi favor. Y eso no sólo desarrolla mi fe, sino también la de ellos.

Habrá momentos en que tengamos la oportunidad de interceder por los que han orado por nosotros. A medida que se cultiva el amor entre los compañeros de oración, también se desarrolla la sensibilidad por las necesidades mutuas. Reconocemos y sentimos sus sufrimientos sin que nos digan nada, y el Espíritu nos revela quiénes necesitan oración. Cuando tenemos dos fuerzas alentadoras, nuestra cobardía se transforma en valor y seguridad, y el poder de Dios se hace realidad.

DE MENTALIDAD ESPIRITUAL

¿Qué clase de personas debemos buscar cuando le pedimos a Dios que nos envíe un Aarón y un Hur? En primer lugar, debemos buscar a quienes tienen una *mentalidad espiritual* y buscan activamente a Dios; los que obedecen y confían en el Señor a pesar de las circunstancias. Lo que importa no es que pensemos si son o no tan espirituales como nosotros. Lo que importa es la condición de su corazón.

Guerreros, no consejeros. En segundo lugar, debemos buscar a quienes nos aceptan tal como somos, a pesar de los problemas que estemos enfrentando. Deben verse a sí mismos como enviados a animarnos, no a criticarnos. Deben considerarse como guerreros de oración, no consejeros.

Un corazón compasivo. Un Aarón y un Hur deben tener un corazón compasivo. Tienen que poder sentir lo que sentimos nosotros. Necesitan saber lo que significa sufrir. También deben tener la disposición de entregarse y no pedir nada a cambio; de amarnos como Cristo nos ama, incondicional y generosamente.

Fieles. Por último, nuestros guerreros de oración deben ser fieles. No necesitamos personas que sólo aparezcan cuando les resulte conveniente. Esas personas deben estar dispuestas a acudir cuando las necesitamos. Tienen que estar dispuestas a dejar cualquier cosa que estén haciendo y acudir en nuestra ayuda en oración. Algo sucede en nuestra vida cuando tenemos a un Aarón y a un Hur a nuestro lado, que suplican al todopoderoso Dios en favor de nosotros. Hay una renovada libertad y confianza, y también mayor fecundidad espiritual. Debemos preguntarnos: *¿Soy la clase de cristiano que alguien quisiera tener como un Aarón o un Hur? ¿Cumplo los requisitos?*

No hay modo de que tres personas se unan en Cristo y oren unas por otras sin que crezcan y se fortalezcan más en su fe. Entre grupos así se libran y se ganan esas verdaderas batallas de la vida. Así es cómo Dios quiere que todos libremos nuestras batallas, postrados sobre el rostro delante de Él con otros que pagarán cualquier precio por la victoria.

¿Qué sucedería en nuestra familia si nos convirtiéramos en el Aarón o el Hur de nuestro cónyuge y de nuestros hijos? ¿Qué sucedería en nuestras iglesias y en nuestros negocios si comenzáramos a orar con los creyentes de allí en el espíritu de un Aarón y de un Hur? Dios tiene que despojarnos de nuestro orgullo. Él no va a dejarnos hacerlo solos. Él quiere que reconozcamos nuestra necesidad de los demás y que nos unamos espiritualmente.

LA LUCHA DE LA ORACIÓN

¿Está usted como la nación de Israel, atrapado en un valle y enfrentándose a batallas donde una vez tras otra lo derrotan? Entonces usted necesita a un Aarón y a un Hur. Pídale a Dios que desarrolle en usted las virtudes necesarias. Luego pídale que le envíe a otras dos personas que también se hayan preparado para las batallas espirituales. Un cordón de tres dobleces no se rompe fácilmente, y tampoco se quiebra la fe de tres personas dedicadas a interceder las unas por las otras en el poder del Espíritu.

LA LUCHA DE
LA ORACIÓN

Entonces fue traído a él un endemoniado,
ciego y mudo; y le sanó, de tal manera
que el ciego y mudo veía y hablaba. Y toda
la gente estaba . atónita, y decía: ¿Será éste
aquel Hijo de David? Mas los fariseos, al
oírlo, decían: Este no echa fuera los demonios
sino por Beelzebú, príncipe de los demonios.
Sabiendo Jesús los pensamientos
de ellos, les dijo: Todo reino dividido contra
sí mismo, es asolado, y toda ciudad o
casa dividida contra sí misma, no permanecerá.
Y si Satanás echa fuera a Satanás,
contra sí mismo está dividido; ¿cómo, pues,
permanecerá su reino? Y si yo echo fuera
los demonios por Beelzebú, ¿por quién los
echan vuestros hijos? Por tanto, ellos serán
vuestros jueces. Pero si yo por el Espíritu
de Dios echo fuera los demonios, ciertamente
ha llegado a vosotros el reino de
Dios. Porque ¿cómo puede alguno entrar
en la casa del hombre fuerte, y saquear sus
bienes, si primero no le ata? Y entonces
podrá saquear su casa. El que no es conmigo,
contra mí es; y el que conmigo no recoge,
desparrama.
Mateo 12.22-23

Hay una razón primordial para que hagamos oraciones irresolutas: no comprendemos las promesas de Dios en cuanto a la puesta en acción de su poder sobrenatural mediante la oración. Vemos la oración como algo que sólo tiene que ver con Dios y nuestra petición, y perdemos de vista el panorama total.

Pablo describió lo que es la lucha de la oración cuando escribió: "Por lo demás, hermanos míos, fortaleceos en el Señor, y en el poder de su fuerza. Vestíos de toda la armadura de Dios, para que podáis estar firmes contra las asechanzas del diablo" (Ef 6: 1 0, 11). Estamos participando en una guerra en la que necesitaremos una fuerza mayor que la nuestra. Dios identifica a nuestro enemigo, Satanás, y nos ordena que nos preparemos para luchar contra él poniéndonos la armadura de Dios.

Luego Pablo expresó el reino y la médula de la lucha de la oración: "Porque no tenemos lucha contra sangre y carne, sino contra principados, contra potestades, contra los gobernadores de las tinieblas de este siglo, contra huestes espirituales de maldad en las regiones celestes" (v. 12).

EL ENEMIGO AL QUE NOS ENFRENTAMOS

El cuerpo de Cristo está en constante conflicto contra las fuerzas espirituales. Cuando nació la iglesia de Jesucristo, nació en medio del imperio pagano de Roma. Dos mil años después, la iglesia del Señor Jesucristo está otra vez en medio de una sociedad pagana. Es una sociedad que se opone a Dios; es un sistema cuya religión es el humanismo. Su filosofía afirma que el hombre es autosuficiente para satisfacer sus propias necesidades. La iglesia está rodeada por un sistema que niega que hay un Dios. El hombre es su propio dios.

En los primeros tiempos del cristianismo, la iglesia sufrió persecución por la verdad. Como resultado, el Imperio Romano reconoció que el evangelio era un poder mayor que la maquinaria militar romana. Los cristianos mostraron su poder espiritual: creyeron, perseveraron, dieron y murieron. Y ¿dónde está el Imperio Romano? Mucho tiempo después de que cayera la nación de Roma, sigue viva la fe cristiana.

EL DESAFÍO

Hoy el cuerpo de Cristo se enfrenta al desafío del humanistno. Debemos decidir ahora si vamos a transigir. ¿Cerraremos la Palabra de Dios? ¿O seremos fieles a lo que sabemos que es correcto? ¿Estamos dispuestos a pagar el precio en el siglo veinte por el bien de las generaciones futuras?

Dios conocía el enemigo al que nos enfrentaríamos, y no nos abandonó para que lucháramos solos. Mediante el poder de la oración, Él nos ha preparado para vencer las fuerzas e influencias del humanismo. Él nos ha dado el poder y la responsabilidad para dejar una huella indeleble en nuestra. sociedad. Pero ¿estamos dispuestos a hacerlo?

Siempre la oración ha sido nuestra arma más poderosa. Y sin embargo los cristianos hemos permitido que nuestra nación degenere a su actual condición por nuestro descuido en ejercer la autoridad de orar que nos ha dado Dios. ¡Sí, somos culpables! ¿Por qué? Porque nuestra sociedad tiene un problema espiritual, y por lo tanto se necesita una solución espiritual para resolverlo.

LA RESPONSABILIDAD DE LA IGLESIA

La iglesia tiene el ministerio no sólo de ganar almas para Cristo, sino también de enfrentarse a todo tipo de seres espirituales que se oponen a Dios. Combatimos a Satanás para rescatar a las personas de su esclavitud y para liberarlas a fin de que sean lo que Dios quiere que sean. Pero por causa de nuestra debilidad y falta de fe, la iglesia se ha retirado de tal lucha. Hemos llegado a la conclusión de que nuestra única tarea es guiar a las personas a Cristo y ponerlas en la lista de la iglesia, pero eso está lejos del total propósito de la iglesia.

Hay quienes dicen que no debemos inmiscuirnos en los asuntos políticos o de salud, ni en ninguna otra cosa fuera de lo común. Algunas personas enseñan que sanar y echar fuera demonios y muchas otras obras del Espíritu Santo terminaron en el primer siglo. Pero hoy la responsabilidad del cuerpo de Cristo es la misma de hace dos mil años.

Cristo dijo: "He aquí os doy potestad de hollar serpientes y escorpiones, y sobre toda fuerza del enemigo, y nada os dañará" (Le 10: 19). En ese versículo la palabra potestad significa el poder de la autoridad. La palabra fuerza también indica poder. Cristo les dijo a sus discípulos que estaba dándoles el poder y la fuerza necesaria para vencer todo el poder y toda la fuerza del enemigo.

PREPARADOS PARA LA TAREA

Si Cristo nos ha dado hoy una responsabilidad igual a la responsabilidad de los creyentes de hace dos mil años, sólo tiene sentido que nos haya preparado con el mismo poder para la tarea. Hemos sido salvados y estamos siendo santificados con el propósito de glorificar a Dios. Para glorificarlo, debemos obedecerle. Para obedecerle, debemos tomar en serio la Gran Comisión: ¡Id!

Cada creyente debe llevar a cabo la comisión de Cristo de cualquier manera posible. Durante dos mil años, hombres y mujeres han salido a predicar el evangelio como resultado del mandato de Cristo. Nosotros somos frutos de los esfuerzos de ellos. Cada uno de nosotros tiene la misma responsabilidad.

Dios le ha dado a la iglesia actual la misma autoridad e igual poder sobre las fuerzas satánicas que le dio a la iglesia del primer siglo. Como eso es cierto, entonces tenemos la misma responsabilidad que la Iglesia primitiva para atar al príncipe de este mundo, y reclamar para Dios lo que es legítimamente suyo.

Sólo hay un Ser omnipotente en la tierra, y ese es Dios. Satanás no es omnipotente; es sencillamente un ángel caído. Pero la iglesia actúa como si Satanás fuera omnipotente. Tratamos a Satanás como si tuviera igual poder que Dios. A menudo lo consideramos un poquito menos poderoso que Dios. Seguimos en retirada mientras Satanás avanza.

Por medio de Cristo, Dios hizo su mayor ataque contra Satanás. La muerte y la resurrección de Cristo nos dio la victoria sobre las consecuencias y el poder del pecado. Por medio de Cristo, hemos vencido a Satanás; éste ha sido conquistadQ. Ahora Dios nos envía, con la presencia de su Espíritu y dotados de manera sobrenatural, a vencer a Satanás. Debemos reclamar para Dios la vida de los que son esclavos del pecado. Somos embajadores de Dios en un mundo perdido y moribundo (2 Co 5:20).

Sin embargo, sólo realizaremos esa gran obra cuando quitemos la mirada de nuestros fracasos pasados y la pongamos en Dios y su Palabra. Debemos comenzar a apropiarnos de lo que es nuestro, en vez de permitir que el poder sobrenatural de Dios esté inactivo en nosotros.

Una vez algunos fariseos acusaron a Jesús de echar fuera demonios en el nombre de Satanás (Mt 12:24). Por eso Cristo les dijo: "Miren, ¿creen ustedes que Satanás echaría sus propios poderes demoniacos y dividiría su propio reino? Si yo estoy echando demonios en el nombre de Dios, entonces el reino de Dios ha llegado hasta los umbrales de sus puertas, y ustedes ni siquiera lo reconocen." (Véanse vv. 26-28.) Esa fue la peor acusación que Jesús pudo haber hecho, considerándolos como los mismísimos que . debían identificar al Mesías cuando viniera.

LA MÉDULA DE LA LUCHA ESPIRITUAL

Jesús resumió así la médula de la lucha espiritual: "Porque ¿cómo puede alguno entrar en la casa del hombre fuerte, y saquear sus bienes, si primero no le ata? Y entonces podrá saquear su casa" (v. 29). También mencionó en otra ocasión ese concepto de atar: "Y a ti te daré las llaves del reino de los cielos; y todo lo que atares en la tierra será atado en los cielos; y todo lo que desatares en la tierra será desatado en los cielos" (Mt 16: 19). La lucha espiritual es atar y desatar conforme a la dirección del Espíritu Santo.

Vivimos en conflicto con el mundo; un conflicto que continuará hasta que Jesucristo vuelva. Todos participamos en ese conflicto de alguna manera gústenos o no. Seremos una ventaja o un obstáculo para el ejército de Dios; seremos vencedores o cautivos.

Pablo pone en claro que no debemos enfrentarnos a las personas ni a las circunstancias en esa guerra, porque Satanás y sus huestes son nuestros enemigos (Ef 6: 11,12). Este es un conflicto espiritual y por lo tanto debemos estar espiritualmente preparados. Debemos tener puesta toda la armadura de Dios. Y si nos la vamos a poner debemos entender lo que es.

LOMOS CEÑIDOS CON LA VERDAD

En primer lugar, debemos tener nuestros lomos ceñidos con la verdad. Eso quiere decir más que sólo leer la Palabra; tenemos que entender exactamente lo que dice y quién dice que somos. Debemos comprender nuestra posición en Cristo y su posición en nosotros. Mediante la fe debemos ver que el campo de batalla está en los lugares celestiales. La verdadera lucha es entre Dios y Satanás.

En los agujeros de nuestra teología es donde Satanás construye sus fortalezas. Nuestra equivocada perspectiva de las cosas espirituales a menudo nos incapacita cuando se trata de la lucha de la oración. Tener la verdad no es suficiente. Debemos conocer la verdad si hemos de ser libres (Jn 8:32). Debemos tener nuestros lomos ceñidos con el conocimiento y la aplicación de la verdad si hemos de estar de veras preparados para la batalla.

LA CORAZA DE JUSTICIA

En segundo lugar, tenemos que vestirnos con la coraza de justicia. Eso no significa actos de justicia, sino que quiere decir que debemos aceptar el don de justicia de Dios (Ro 5: 1 7). Ya hemos sido hechos justicia de Dios en Cristo (2 Co 5:21). Para estar preparados para la batalla, debemos aceptar ese don de justicia.

Para la mayoría de las personas eso es difícil de hacer. No se nos enseña a considerarnos justos. Pero todo comienza con la primera pieza de la armadura: debemos conocer la verdad de la Palabra de Dios si vamos a entrar en la lucha de la oración. Cuando nuestra doctrina es bíblicamente correcta, nos consideraremos justos desde la perspectiva de Dios.

La iglesia a la que yo asistía cuando era muchacho hacía hincapié en el carácter pecaminoso del hombre. El predicador nunca mencionaba la justicia que recibimos cuando nos convertimos a Cristo. Como resultado, crecí sintiéndome condenado por Dios. Nuhca pensaba que podía vivir conforme a lo que Dios esperaba de mí. Esa enseñanza negativa hizo tal impacto en mi vida que pasé los primeros años de mi ministerio tratando de hacerme aceptable ante los ojos de Dios. Qué alivio fue saber que yo era aceptable a Dios sólo porque estaba en Cristo. Ya no tuve que preocuparme de lo que Dios pensaba de mí. Ante sus ojos yo era justo. Mi única responsabilidad era aceptar su don de justicia.

La Biblia enseña con toda claridad que en Cristo somos justos. Considerarnos menos que eso es entrar en la batalla sin la pieza más importante de nuestra armadura: la coraza. Nuestra opinión equivocada en ese sentido permite que Satanás nos haga sentir indignos en la presencia de Dios. "¿Quién eres tú para esperar que Dios responda tu oración?", pregunta él. Hay sólo una respuesta: "Yo soy justicia de Dios en Cristo. iEso es lo que soy1" (Véase 2 Co 5:21.)

Si Dios no nos hizo tan justos como Cristo, ¿cómo podemos entrar en el cielo? Con demasiada frecuencia entramos en la batalla sin estar preparados. Como resultado, descuidamos nuestra relación con Dios Porque nos sentimos muy derrotados y muy indignos. Debemos aceptar el don de justicia de Dios cuando libramos la guerra espiritual.

EL APRESTO DEL EVANGELIO DE LA PAZ

Es indispensable que tengamos nuestros pies preparados con el evangelio de la paz. La clave aquí es la palabra paz. Pablo se refería a la paz que podemos tener en esta vida. La mayor parte del tiempo pensamos en el evangelio como la promesa del cielo si una persona acepta a Cristo como su Salvador. Pero Pablo se estaba refiriendo a una vida nueva en esta tierra como resultado de aceptar a Cristo. En otras palabras, debemos estar preparados para guiar a otros a Cristo. La persona que entra en la lucha de la Oración debe comprender la paz que Dios ha provisto para nosotros en esta tierra.

Pablo escribió: "Con Cristo estoy juntamente crucificado, y ya no vivo yo, mas vive Cristo en míj y lo que ahora vivo en la carne, lo vivo en la fe del Hijo de Dios, el cual me amó y se entregó a sí mismo por mí" (Gá 2:20). Esa debe ser una experiencia diaria para los genuinos guerreros de oración. Porque la paz sólo viene cuando le permitimos a Cristo que viva por medio de nosotros.

Ese es el aspecto del evangelio que nuestro mundo necesita ver. Las personas han oído hablar del cielo; es hora de que vean el cielo en nuestros hogares, nuestras iglesias y nuestros centros de trabajo. La gente busca la riqueza porque ve el modo de vida de los ricos, y busca a Cristo cuando ve el genuino modo de vida bíblico de los creyentes. Cuando los demás acuden a nosotros, debemos estar preparados para guiarlos a esa nueva vida en Cristo. Debemos estar preparados para ser parte de la respuesta a nuestras oraciones por los perdidos y descarriados.

EL ESCUDO DE LA FE

Pablo nos exhorta a tomar el escudo de la fe. Con esta pieza de la armadura debemos apagar los dardos de fuego de Satanás. Todo mal que viene contra nosotros tiene un origen: Satanás. Nunca debemos perder de vista eso, porque de otro modo veremos los instrumentos de Satanás como nuestros enemigos y nunca nos enfrentaremos a él, la raíz del problema.

Sin embargo, ¿cómo derrota la fe los ataques de Satanás? Él ataca con mentiras, y nosotros nos defendemos creyendo lo que Dios dice, sin considerar cómo Satanás nos haga sentir. Por ejemplo, digamos que usted es atacado con una sensación de miedo. Ese es un dardo común que emplea Satanás. Para derrotar a Satanás sencillamente enfréntese a su mentira con una afirmación de la verdad de Dios. "No nos ha dado Dios espíritu de cobardía, sino de poder, de amor y de dominio propio" (2 Ti 1:7).

A menudo nuestras emociones son la puerta de entrada de Satanás en nuestra mente. Mediante la fe debemos detenerlo en la puerta. Sin considerar lo que nos digan nuestras emociones, debemos creerle a Dios. Pudiéramos sentirnos indignos; es una mentira. Pudiéramos sentirnos rechazados; es una mentira. Debemos renovar nuestra mente al verdadero conocimiento de quienes somos (Col 3: 10) y aceptar por fe lo que Dios dice de nosotros, porque la fe es nuestra protección contra las mentiras de Satanás.

EL YELMO DE LA SALVACIÓN

Cuando entramos en la lucha de la oración nuestra armadura debe incluir el yelmo de la salvación. Eso quiere decir que debemos tener al Espíritu Santo viviendo en nosotros (Ef 6:18). El yelmo cubre y protege la mente. Eso es también la obra del Espíritu Santo. Debemos vivir en el poder y bajo la dirección del Espíritu Santo. El poder y el razonamiento carnal son inútiles en un conflicto espiritual (2 Co 10:3-5). Por lo tanto, debemos someter nuestra mente nuestra voluntad y nuestras emociones a la autoridad del Espíritu de Dios (Gá 5:16, 25).

LA ESPADA DEL ESPÍRITU

Por último, nuestra armadura debe incluir la espada del Espíritu: la Palabra de Dios. A lo largo de este libro hemos observado la importancia de las Escrituras en nuestras oraciones. La Biblia es el ancla de nuestra fe y la fuente de nuestra autoridad.

Sin embargo, la Palabra de Dios tiene otro uso en el contexto de la lucha espiritual y la lucha de la oración. Es un arma que debe usarse contra nuestro adversario .Satanás. Pero esa arma no nos servirá de nada si no sabemos cómo usarla. Debemos dirigir la Palabra de Dios contra Satanás en un ataque espiritual. Hay pasajes específicos que tratan sobre específicos ataques de Satanás. Debemos saturar nuestras oraciones con esos pasajes. Así podemos desterrar a Satanás de nuestra vida y de la vida de los demás.

LA ESTRATEGIA DE LA LUCHA DE ORACIÓN

Ahora que entendemos mejor la preparación de la lucha de la oración, volvamos nuestra atención a la lucha misma. ¿Cómo vamos a enfrentarnos al enemigo en nuestra vida y en la vida de los demás? Ya hemos dicho que la médula de la lucha espiritual es atar y desatar (Mt 16: 19). Pero ¿qué vamos a atar y desatar? Esa pregunta se responde en el siguiente pasaje:

> Porque las armas de nuestra milicia no son carnales, sino poderosas en Dios para la destrucción de fortalezas, derribando argumentos y toda altivez que se levanta contra el conocimiento de Dios, y llevando cautivo todo pensamiento a la obediencia a Cristo.
> 2 Corintios 10.4-5

Mediante la lucha de la oración, tenemos la responsabilidad y el poder para atacar las fortalezas de Satanás en nuestra vida y en la vida de los demás.

FORTALEZAS

Una fortaleza es una esfera de pecado que se ha convertido en parte de nuestra manera de vivir. Pudiera ser un hábito dañino (los narcóticos, la fornicación o el fumar) o pudiera ser una actitud (rechazo, soledad, ansiedad, duda). Empleamos todo un arsenal de explicaciones racionales y especulaciones para apoyar esos hábitos o actitudes. Pero el conocimiento en el que se basan esas fortalezas se opone directamente a la verdad de Dios (v. 5).

Satanás nos arroja montones de mentiras que aseguren esas fortalezas. Pudieran sonar así: "En realidad no hay nada malo en esa música. De todos modos no presto atención a la letra." O así: "Sólo bebo un poco cuando me pongo nervioso." O acaso así: "La policía no me detendrá por ir a cien kilómetros por hora, de modo que eso es correcto."

Nuestra responsabilidad como cristianos es derribar esas fortalezas mediante oraciones llenas del Espíritu. ¿Cómo? Sólo hay un arma: la espada del Espíritu. Debemos combatir esas mentiras con la Palabra de Dios. Debemos combatir mentiras específicas con verdades específicas.

Una joven luchaba por corregir sus hábitos alimentarios. Comprendía que era una fortaleza en su vida y luchó por conquistarla. En primer lugar, identificó con precisión las mentiras subconscientes que ella había creído sobre su problema. Pensaba que estudiaba mejor si merendaba. También pensaba que cada vez que sentía hambre tenía que comer. Y se decía a sí misma que el comer la ayudaba a enfrentarse mejor a sus emociones. Pero todo eso eran mentiras de Satanás para mantenerla en esclavitud.

La joven aceptó la perspectiva de Dios con respecto a la vida de ella como hija suya. Creyó que era "una nueva criatura" y que su vida estaba escondida con Cristo en Dios (Col 3:3). Aceptó el hecho de que no estaba bajo el dominio de su carne con sus pasiones y deseos (Gá 5:24). Leyó textos bíblicos, como los mencionados, y los memorizó. Cada vez que se sentía tentada a comer cuando sabía que no lo necesitaba, se enfrentaba a las mentiras de Satanás con la Palabra de Dios. Desde entonces fue constantemente victoriosa.

En nuestra vida sólo necesitamos pedirle a Dios con fe que derribe una fortaleza, y Él la derribará. Luego debemos de inmediato renovar esa parte de nuestra mente con el verdadero conocimiento de la Palabra de Dios (Ro 12:2). Si no lo hacemos, estaremos sometidos a las mismas mentiras una y otra vez.

Por ejemplo, usted tiene una fortaleza de condenarse a sí mismo. Es decir, después que peca y le pide a Dios que lo perdone, no se siente perdonado. Anda desanimado bajo una nube de culpa hasta que siente que ha pasado suficiente tiempo y que puede restaurarse su comunión con el Padre.

A fin de alcanzar la victoria, debe pedirle a Dios que derribe esa fortaleza. Menciónela en voz alta. Reprenda las mentiras que Satanás ha usado contra usted y dígale a Dios que ahora usted acepta la verdad de su Palabra. Un buen versículo bíblico a reclamar sería Romanos 8:1. También estudie el perdón de Dios en las Escrituras. Eso concentrará su atención en la verdad. Entonces mientras usted medita en la verdad, su mente reaccionará de una manera positiva.

LUCHAR POR LOS SANTOS

Se puede aplicar ese principio de conquistar fortalezas cuando oramos también por nuestros hermanos en Cristo. Pero en algún momento ellos deben asumir la responsabilidad de renovar su propia mente. No podemos hacerlo por ellos. Podemos pedirle a Dios que derribe una fortaleza específica en la vida de ellos, y Él la derribará. Pero si no reprenden las mentiras que protegían esa fortaleza, retornará la fortaleza. Es que únicamente la aplicación de la verdad puede oponerse a las mentiras de Satanás.

Una noche le conté a mi hijo que Dios me había mostrado una fortaleza de temor en mi vida. Él sonrió y dijo que el Señor le había revelado ese problema de mi vida la semana anterior. Mi hijo había estado orando para que Dios derribara esa fortaleza y me revelara mi necesidad de renovar mi mente a la verdad en esa esfera. Ambos salimos con un nuevo aprecio por el poder de la oración y por la disposición de Dios a derribar nuestras fortalezas si dejamos que las derribe.

Cuando oramos por los demás, debemos perseverar hasta que Dios les revele las verdades respecto a sus fortalezas. Debemos pedirle a Dios que los haga darse cuenta de sus pecados y los guíe a la verdad. Debemos reclamar la promesa de Cristo: "Pero cuando venga el Espíritu de verdad, él os guiará a toda la verdad; porque no hablará por su propia cuenta, sino que hablará todo lo que oyere, y os hará saber las cosas que habrán de venir" (Jn 16:13). La clave es orar constantemente. Por eso nuestras breves oraciones que sólo dicen "bendícelo" no sirven para nada. Necesitamos verdades específicas para combatir fortalezas específicas.

LAS FORTALEZAS Y LOS PERDIDOS

Los perdidos también están esclavizados a las fortalezas. Fortalezas tales como la dilación, la inmoralidad, la justicia propia y la duda impiden que las personas experimenten la nueva vida que hay en Cristo. Debemos pedirle a Dios que nos muestre cuáles son las fortalezas específicas. Podemos entonces, por la autoridad de que Dios nos ha investido, pedirle que haga que las personas se den cuenta de las fortalezas a las que están esclavizadas.

Satanás emplea mentiras para mantener a los perdidos en la perdición y a los cristianos en la esclavitud. Sólo mediante la oración eficaz tenemos la esperanza y la libertad que ofrece Cristo. Debemos atar a los espíritus de engaño y desatar a los espíritus ministrado res de la verdad (Heb 1:14). Esa clase de oración pone en movimiento el poder de Dios de tal manera que los demonios tiemblan.

Pablo escribió: "No tenemos lucha contra sangre y carne" (Ef 6:12). Es tiempo de que dejemos de luchar contra carne y sangre y nos enfrentemos al verdadero enemigo. Tenemos sólo un arma. No es predicar, enseñar, cantar ni organizar; es la Palabra de Dios enfrentada a las mentiras de Satanás mediante la oración. Nuestras oraciones establecen el reino de Dios y destruyen el reino de Satanás. Pero donde no hay oración, no hay lucha. Donde no hay lucha, no hay realidad espiritual. Donde no hay realidad espiritual, no hay victoria. Donde no hay victoria, no hay nada que glorifique a Dios.

Cristo dijo: "Yo te he glorificado en la tierra; he acabado la obra que me diste que hiciese" (Jn 17:4). Nosotros, como Cristo, debemos glorificar al Padre. Pero si no entramos en la lucha de la oración, jamás cumpliremos el plan de Dios para nuestra vida. Si no oramos, no servimos para nada en. el sistema de eternidad de Dios.

Azully. de la Caridad
Zorzano López

Plaza de la Revolución
Habana - Cuba

~~Ciudad~~

Ave Tropical # 38 apto A - 5
e/, Rizo y San Pedro. Puente Grandes.

Azully Cell: 52503514.

Rafael Cell: 58170448

Fijos : 7886 - 1216
7 886 - 1513

dontasalmos@nauta.com.cu

bless nations@aol.com.

VerdaddeDios 1